JN091999

目次

難易度 【★】かんたん 【★★】ちょっと難しい 【★★★】難しい

第3章 ちょっと難しいけど大切な「データの質」と「関係」の話

第4章 「良く見せたい」の落とし穴

＊本書内のURLは2023年6月現在のものです

難易度★☆☆

プロローグ
統計の勉強が必要なのは誰？

「統計リテラシーはこれからの時代に重要。だから統計の読み方や統計学の基礎くらいは、義務教育で教えるべきだ。」

ＳＮＳやインターネットで、ときどき見かける意見です。筆者の印象では、こういう発言をするのは中高年世代の方が多いように思います。

しかし、この意見は微妙に間違いです。なぜなら、小中高校ではすでに統計学の基礎教育が導入されているからです。文部科学省が定めた教育内容のメニューを「学習指導要領」と呼びますが、２００８年に学習指導要領が改訂され、小学校の算数および中学・高校の数学の中に統計学の内容が組み込まれました。これを受けて、小学校では２０１１年度から、中学校と高校では２０１２年度から、統計学の基礎的な事項が教えられています。その延長で、２０１５年度以降の大学入試センター試験（現在は大学入学共通テスト）で、数学の一部として統計学の問題が出題されています。

このように、今の子どもたちは学校で統計をきちんと勉強しています。世代で言えば、２０２３年現在の20代以下は、小中高校で統計学教育を受けていることになります。現在の20代以下と30代以上で統計学の基礎的な知識の習得度を比較すれば、若い世代のほうが優れているかもしれません。

それでは、今の子どもたちはどのような統計学教育を受けているのでしょうか。

表1は、２０２３年時点の学習指導要領に基づいた統計学教育の中身をまとめたものです。読者のみなさんは、これらの統計学用語を説明できるでしょうか。統計学を学んだ方はおわかりのように、高校数学では本格的な事項も扱っています。

ということで、統計学をきちんと学んでいない30代以上の方は、若者に負けないように頑張らないといけないかもしれません。

一方、高校までに統計学を学んだ若者のみなさんも油断は禁物です。**表1**の内容、特

表1　学習指導要領における統計学教育の内容（確率論を含む）

学年・科目	学習する事項
小学校１年・算数	データの個数
小学校２年・算数	簡単な表、簡単なグラフ
小学校３年・算数	表、棒グラフ
小学校４年・算数	二次元の表、折れ線グラフ
小学校５年・算数	平均値、百分率、円グラフ、帯グラフ
小学校６年・算数	代表値（平均値・中央値・最頻値）、度数分布、階級、起こりうる場合の数
中学校１年・数学	ヒストグラム、相対度数、確率（起こりやすさ）
中学校２年・数学	四分位数範囲、箱ひげ図、簡単な確率計算
中学校３年・数学	母集団、標本、全数調査、標本調査、無作為抽出
高校・数学I	分散、標準偏差、散布図、相関係数、クロス表、仮説検定
高校・数学A	場合の数と確率
高校・数学B	確率変数、確率分布、二項分布、正規分布、区間推定、信頼区間、仮説検定、有意水準

出典：文部科学省『小学校学習指導要領（平成29年告示）解説：算数編』、『中学校学習指導要領（平成29年告示）解説：数学編』、『高等校学習指導要領（平成30年告示）解説：数学編　理数編』より著者作成

に高校数学で扱う部分を完全にマスターするのはなかなか大変ですし、本格的に統計学を勉強しようと思ったら学ぶべきことはまだ数多くあります。頑張りましょう。

この本は、統計や統計学の重要性、基礎的な統計数値を見る上で注意すべきことなど、本格的な統計学の前段階の内容を解説したものです。統計学をきちんと勉強するのは大変そうだけど、統計の基本的なことや大事なことは最低限知っておきたいという方にぴったりの本かもしれません。

一方で、すでに統計学を学んだ方が読んでも勉強になるよう、既存の解説書ではあまり扱われない（けれど重要な）トピックも取り上げてみました。既存の解説書は統計の良い面を強調する傾向がありますが、統計重視は良い結果のみをもたらすとは限りません。何事にも良い面（オモテ）と悪い面（ウラ）がありますが、統計も然りです。統計と上手くつき合っていくためには、統計のオモテとウラの両面を知っておかなければなりません。ということで本書は、統計のウラにも焦点をあてています。

統計学を勉強したことのない方は、普通に最初からお読みください。統計学を勉強したことのある方は、興味のあるトピックを自由に選んで読んでいただいてかまいません。この本が、少しでもみなさんのお役に立てば幸いです。

第 1 章

統計って何だろう

社会における統計の重要性はますます高まっています。第1章では、そもそも統計とは何か、統計はどのように役に立つのか、統計を勉強することはなぜ重要なのかなど、統計を学ぶことの大切さを解説します。

1-1

そもそも統計って何？

難易度 ★☆☆

≫ データから役に立つ情報を引き出せるから、統計は重要

「データ」「統計」「統計学」の違い

ここ10年ほどの間に、統計の重要性は社会に広く認識されるようになりました。今では、子ども向け、大人向け問わず、数多くの統計に関する入門書が出版されています。では、そもそも「統計」とは何か、みなさんは説明できるでしょうか。

統計に関わる基本的な、しかし混同しやすい用語として「データ」「統計」「統計学」の3つをあげることができます。

まず「データ」から説明しましょう。日常用語としてのデータはとても広い意味を持っています。「情報」や「統計」とほとんど同じ意味で「データ」という言葉を使うこともありますが、厳密には**「統計のもとになる情報」がデータ**です。[*1] 多くの場合、データは数値の形をとり、数値が大量に並んだ巨大な表の形をしています。次頁の**図1**は、筆者がウェブ上で実施した社会調査のデータの一部です。

ご覧のように、ひたすら数字が並んでいるだけで面白くもなんともない、というより何が何だかわからないのがデータの特徴です。このような数字の羅列を見ただけで、データの特徴、たとえば回答者の平均年齢や男女比率を把握できる人はいないでしょう。そこで、そのままでは理解しがたいデータを、どうにかして理解できる形に処理しなければなりません。それが統計です。

「統計」とは、**データの特徴を表現した数値**のことです。そのままでは何がどうなっているかわかりにくいデータを処理して、わかりやすい数値に変換したものとも言えます。たとえば、国勢調査の回答のデータを集計して各世帯の人数を数えあげれば、日本の総人口を把握できます。ある町の住民の年齢のデータを処理すれば、その町の住民の平均年齢や高齢化率がわかります。あるいは、世論調査で内閣を「支持する」と回答し

図1 データの例

No	Q-001	Q-002	Q-003	Q-004	Q-005	Q-006	Q-007		Q-009_2	Q-010
1	2	3	14	1	3	5	1		40	2
2	1	39	45	2	1	4	1		63	1
3	1	41	45	2	2	1	1		63	2
4	1	8	7	4	3	5	5		68	3
5	2	4	14	4	3	5	1		47	3
6	1	10	7	3	3	5	1		43	3
7	1	13	10	1	3	5	1		60	2
8	2	3	9	2	3	4	2		49	3
9	1	15	10	1	1	2	1		73	3
10	2	5	11	2	3	5	2		48	2
11	2	4	14	2	3	4	1		45	3
12	2	40	32	1	1	1	1		48	3
13	1	2	26	2	3	5	1		49	2
14	1	10	35	2	3	3	2		72	1
15	1	7	31	1	1	4	1		98	3
16	1	18	13	1	3	5	1		80	1
17	1	8	28	4	1	1	2		59	4
18	2	21	29	5	3	5	2		67	3
19	1	2	13	3	1	3	1		42	3
20	1	17	11	1	3	3	1		65	3
21	1	11	6	5	3	5	5		51	4
22	1	16	13	2	1	3	1		75	2
23	1	14	3	2	3	2	1		74	3
24	2	18	15	2	3	5	3		55	4
25	1	26	1	3	1	3	1		74	3
26	1	4	14	1	1	3	3		70	1
27	2	38	18	4	2	5	3		63	5
28	1	19	12	3	1	5	1		76	5
29	2	38	28	4	3	3	2		46	4
30	2	26	28	3	1	1	3		65	4
31	2	30	9	3	3	5	1		47	3
32	1	14	11	2	2	1	3		54	1
33	1	21	28	2	1	3	1		53	3
34	2	28	27	2	3	3	1		61	2
35	1	6	11	4	3	4	3		87	2
36	2	29	23	3	3	5	1		60	4
37	1	6	21	3	3	3	1		55	3
38	2	15	23	2	3	5	2		79	3

た人の割合を計算すれば、内閣支持率が得られます。

このように、**データから統計を作り出す方法が「統計学」**です。もう少し詳しく言うと、データに何らかの処理（計算）をすることで、データの特徴を表現する情報（統計）を作り出す方法が統計学です。*2

「データの特徴」といっても様々なので、特徴を知るための方法（すなわちデータ分析の方法）も多岐にわたります。ということで、統計学は奥の深い学問なのです。

統計は料理のようなもの

もし、ここまでの説明がわかりにくい場合には、統計は料理のようなものだと考えてください（次頁**表1**）。私たちがふだん食べている料理の材料の多くは、そのままでは食べられないか、そのまま食べてもおいしくありません。それを何らかの方法で調理、たとえば煮るなり焼くなりして、おいしく食べられるようにしたものが料理です。

つまり、**材料＝データ、料理＝統計、調理法＝統計学**、という関係になります。統計や統計学が重要なのは、データ（そのままでは食べられない材料）から有益な情報（お

表1　統計は料理みたいなもの

料理の場合	統計の場合
（1）材料 料理のもとになる材料。 そのままでは食べられない・そのまま食べてもおいしくないものが多い。	（1）データ 統計のもとになる情報。 そのままでは理解できないことが多い。
（2）料理 そのままでは食べられない材料を、おいしく食べられるように処理（調理）したもの。	（2）統計 そのままでは理解できないデータを、わかりやすい形に処理（計算）したもの。
（3）調理法 材料を処理して、おいしく食べられるようにする方法。	（3）統計学 データを処理して、役に立つ情報を引き出す方法。

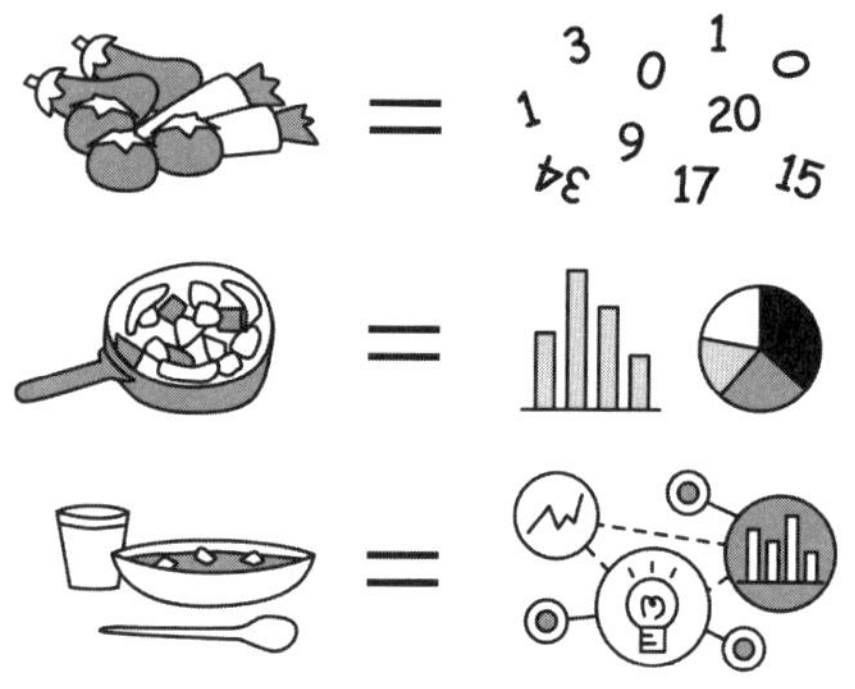

いしい料理）を得られるからなのです。

統計は、歴史的には国家運営のための情報として出発しました。しかし、科学の発展と共に統計が使われる領域は拡大し、近年では様々な分野で積極的に活用されています。

注釈

＊1 国勢調査で得られた各市町村の人口と、各市町村の面積を組み合わせれば各市町村の人口密度が計算できるというように、すでに存在する統計をもとにして新しい統計を作った場合、計算に使われた既存の統計は「データ」とみなせます。ちょっとややこしいですね。

＊2 統計学に詳しい方向けに補足しますと、ここで言う「データの特徴」は記述統計学だけでなく、推測統計学も含めて考えています。

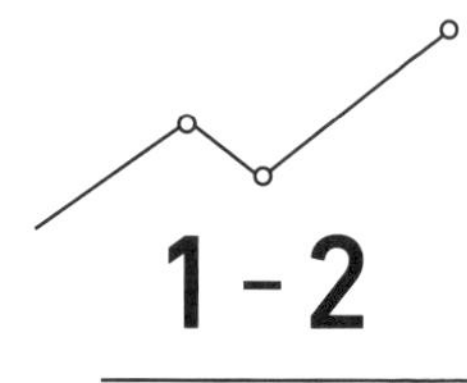

1-2

難易度 ★☆☆

統計の歴史を知ろう

≫ 統計の歴史は、古代の人口調査から始まった

人口と国家の深いつながり

統計の起源は、古代国家の人口調査にあるとされています。自国内にどれくらいの人がいるかを把握しなければ、国家の効率的な運営はできません。人口を把握するには、そのための調査、すなわち人口調査が必要です。歴史をひも解くと、紀元前4000年頃にバビロニアで人口調査をおこなった記録があるそうで、これが記録上最古の人口調査のようです。*1

入手しやすい文献では、『旧約聖書』の「出エジプト記」「民数記」「サムエル記」に人口調査の記述があります。[*2] ここでは「民数記」の冒頭を紹介しましょう。

イスラエルの人々がエジプトの国を出た翌年の第二の月の一日、シナイの荒れた野にいたとき、主は臨在の幕屋でモーセに仰せになった。

イスラエルの人々の共同全体の人口調査をしなさい。氏族ごとに、家系に従って、男子全員を一人一人点呼し、戸籍登録をしなさい。あなたとアロンは、イスラエルの中から兵役に就くことのできる二十歳以上の者を部隊に組んで登録しなさい。

出典：『旧約聖書』「民数記」1：1-3 ❶

なんと、神のお告げで人口調査が始まったことになっています。その目的は、ずばり兵役。神がわざわざ命令してくるあたり、やっぱり軍事力の整備は大切なんですね。ここで出てくるモーセとは、十戒を授けられたり海を割ったりで有名な、あのモーセです。このエピソードは、紀元前13世紀前後のこととされています。

この「民数記」、筆者が大好きな『上馬キリスト教会の世界一ゆるい聖書入門』では

「退屈なので飛ばしていいです」と酷評されています。❷ しかし、統計の歴史を語る上では重要な資料なので、興味がある方は「民数記」の最初の部分だけでも読んでみたらいかがでしょうか。「民数記」を全部読むのは、やっぱり退屈なので飛ばしていいと思いますが。

統計と国家の深いつながり

そもそも「統計」という言葉は、英語のstatistics（スタティスティクス）、またはこれに相当する外国語（オランダ語、ドイツ語等）の訳です。statisticsの語源はラテン語のstatus（スタトゥス：国家）にあるとされています。❺ このように、**統計と国家の間には、言葉の上でも深いつながり**があるのです。

統計という言葉が定着した現代からは想像しにくいですが、statisticsは翻訳が非常に難しい言葉だったようで、江戸時代末期から明治時代初期にかけて、様々な訳が試みられました。[*3] ざっと紹介すると「形勢」「国勢」「知国」「国治」「政表」「表記」「綜計」「製表」などです。[*4] これらのうち「形勢」「国勢」「知国」「国治」「政表」は、国家運営のための情報という側面を意識した訳と言えるでしょう。

「統計」という訳を考案したのは幕末から明治初期にかけて活躍した洋学者・柳河春三（やながわしゅんさん）とされています。柳河自身は、「統計」は訳として不完全で、あくまで仮のものと考えていたようです。[*5] その「統計」が日本語として定着したことを柳河が知ったら、どんな顔をするでしょうか。

日本の場合、最古の人口記録は『魏志倭人伝』（3世紀末）で、邪馬台国その他7国で合計15万9000戸余があったと記録されています。ただし『魏志倭人伝』は、魏すなわち現在の中国が作った記録なので、どの程度正確かは不明ですが。

卑弥呼の命令で人口記録がおこなわれた……のかも？

日本で実施された最古の全国規模の人口調査は、庚午年籍（６７０年）とされています。その20年後の庚寅年籍（６９０年）では、６年に一度の継続調査となることが定められました。

このように、統計の歴史はかなり古くまでさかのぼれるのですが、国家による統計の作成とデータの収集が活発化したのは19世紀中頃のヨーロッパでした❺。これは、社会の近代化、とりわけ科学の発展によって統計の重要性が広く人々に認識されるようになったことに起因しています。データが蓄積されるにつれて、それを分析するための方法、すなわち統計学も本格的に発展していきました。

日本では、明治４（１８７１）年の戸籍法制定（壬申戸籍）により、近代的な戸籍制度が成立しました。人口の把握も当初は戸籍をもとにしていたのですが、集計に手間がかかることや正確性に難があることが判明し、人口を把握するための大規模調査の必要性が認識されるようになりました。こうして導入されたのが国勢調査です。１９２０年の第１回調査以降、最新の２０２０年調査まで、国勢調査は１００年の歴史を積み重ねています。

注釈

＊1 出典：英国国家統計局ウェブサイト"Census-taking in the ancient world"。なお、この調査内容が記録された粘土板が大英博物館に所蔵されているそうです。
https://www.ons.gov.uk/census/2011census/howourcensusworks/aboutcensuses/censushistory/censustakingintheancientworld

＊2 他の章にもあるのを見落としているかもしれませんが、その場合はごめんなさい。エピソードの時系列は「出エジプト記」「民数記」「サムエル記」です。「出エジプト記」では、神はモーセに「人口調査をする時に命の代償を支払わせろ」と命じています（「出エジプト記」30：11-12）。「命の代償」とは物騒ですが、これは人頭税のことです。「出エジプト記」の神は人口調査をおこなえと命じたわけではないので（人口調査をする時に人頭税を取れと命じたにすぎないので）、「人口調査をおこなえ」と命じた「民数記」を優先しました。

＊3 日本の近代統計の確立に多大な貢献をした杉亨二（すぎこうじ）は「statisticsを正確に訳すのは無理だから、そのまま日本語化すべき」と主張して「寸多知寸知久（スタチスチク）」という当て字を考案し、さらには「スタチスチク」をあらわすオリジナル漢字を創作しました。杉亨二の功績と、彼が作った「スタチスチク」漢字は総務省統計局ウェブサイトで確認できます。https://www.stat.go.jp/museum/shiryo/sugi.html

＊4 詳しくは、文献❹をお読みください。

＊5 詳しくは、文献❸をお読みください。ちなみに、柳川春三は日本で初めて「雑誌」と名の付く出版物を刊行した人物でもあります。

文献

❶ 共同訳聖書実行委員会．1987．『聖書（新共同訳）』日本聖書協会
❷ 上馬キリスト教会（編）．2018．『上馬キリスト教会の世界一ゆるい聖書入門』講談社、18頁
❸ 丸山健夫．2008．『ナイチンゲールは統計学者だった！―統計の人物と歴史の物語―』日科技連出版社
❹ 宮川公男．2017．『統計学の日本史』東京大学出版会
❺ オリヴィエ・レイ（原俊彦監修・池畑奈央子監訳）．2020．『統計の歴史』原書房、29頁

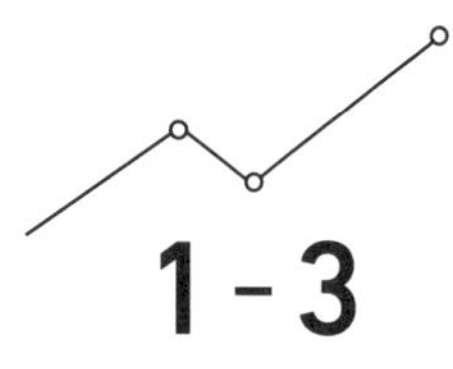

1-3

難易度 ★☆☆

統計はどう役に立つのか(1) ビジネスと統計

急速に変化する社会では、経験や勘よりも統計が役に立つ(はず)

統計はビジネスの世界で大活躍

前節では国家と統計の関係を説明しました。統計の用途はそれだけではありません。科学の発展と共に統計が使われる領域も拡大し、近年では統計および統計学は様々な分野で使用されるようになりました。

特に浸透が著しいのがビジネスの世界です。読者のみなさんも、ビジネスに統計学が導入されて業績が劇的に改善した、という類のエピソードを見聞きしたことがあるのではないでしょうか。

ビジネスの世界では、これまでになかった新しい製品やサービスを作り出すことが、大きなチャンスにつながります。新しい製品やサービスを生み出すために重要なことの1つが、既存のやり方にとらわれず、現状を客観的に分析することです。近年のように、社会の変化が急速で先行きが不透明な状況では特にそうです。

社会の変化が緩やかな時は、「今まではこうだった」「今まではこのやり方でうまくいった」という経験則や成功体験に基づいて仕事をしても、大きな問題は起こりません。しかし、**社会の変化が急速な場合、それまでの常識、経験則、過去の成功体験といったも**

新しい製品やサービスを生み出すためには、どうする？

のはあっという間に時代遅れになってしまいます。過去の経験にこだわりすぎると、新たなビジネスチャンスを逃し、最悪の場合は仕事も職場も失うかもしれません。

ビジネスの世界で統計学の重要性が強調されるようになったのは、統計学を使えば「どんな分野の議論においても、データを集めて最速で最善の答えを出すことができる」❷からです。

統計学が威力を発揮した事例

統計学がビジネスに導入されて威力を発揮した事例は事欠きません。

まずは、古典的というと大げさですが、1980年代から2000年代にかけての有名なエピソードをご紹介しましょう。いずれも、データ分析から得られた証拠に基づいた判断が、専門家の経験や勘を上回った例です。

(1)ワインの質を統計で予測

1980年代から1990年代にかけての話です。

ワイン好きの経済学者オーリー・アッシェンフェルターは、過去のボルドーワインの競売価格と気候データを分析し、ワインの質を予測する式を作り出しました。彼はこの予測式を用いて、まだワインが出来上がっていない段階で、1989年のボルドーワインは過去35年間で最高の出来となると予想しました。[*1]

当初この予測はワイン専門家たちから猛烈に批判されましたが、結果的には正しかったことが確認されました。アッシェンフェルターの予測式は、ワインの専門家たちの経験と勘に基づく予測よりも正確だったのです。❶

(2)統計で野球に勝つ

2000年代前半の話です。

資金力に乏しいメジャーリーグ球団、オークランド・アスレチックスは、試合だけでなくライバル球団との選手獲得競争にも負け続けていました。そこで試みられたのが、試合データの統計分析をおこない、その分析結果をもとに優れた選手を獲得することでした。

たとえば従来の野球の常識では、点を取るために重要なのは打率であると考えられていたため、打率の高い選手が移籍市場で高く評価されていました。しかし、データ分析の結果明らかになったのは、得点に結びつくのは単純な打率ではなく、出塁率と長打率、とりわけ出塁率という事実でした。

　当時は出塁率の高い選手は高く評価されていなかったため、比較的安い契約金で獲得することができました。こうした選手獲得戦略を積み重ねた結果、アスレチックスは低予算で良い選手（それまでの野球の常識では低く評価されても、統計学的には高く評価できる選手）を集めることができ、好成績を実現できたのです。❸ ちなみにこの話は映画化されています。[*2]

低予算で、良い選手を集めることも不可能ではない！

こうした統計学の有効性が認知されるようになった結果、2013年あたりから「統計学ブーム」が起こりました。[*3] 社会人向けの統計学入門書が数多く出版されたり、ビジネス雑誌で統計学特集が頻繁に組まれたりしたことを記憶しておられる読者もいるかもしれません。ブームから10年、ビジネスにおける統計学の重要性は今や常識となりました。

注釈

＊1 熟成期間をどのくらい設けるかによりますが、ワインが販売されるまで数か月から数年かかります。

＊2 ベネット・ミラー監督、ブラッド・ピット主演、『マネーボール』（2011）。

＊3 個人的にはもう少し前からブームだったような気もしますが、NHKの『クローズアップ現代』で統計学ブーム特集が放映されたのが2013年なので、ここでは2013年としておきます（クローズアップ現代「数字のカラクリ・データの真実―統計学ブームのヒミツ―」（2013年7月3日放映）。

文献

❶ イアン・エアーズ（山形浩生訳）．2010．『その数学が戦略を決める』文春文庫

❷ 西内啓．2013．『統計学が最強の学問である』ダイヤモンド社，8頁

❸ マイケル・ルイス（中山宥訳）．2013．『マネー・ボール〔完全版〕』ハヤカワ・ノンフィクション文庫

1-4

難易度 ★☆☆

統計はどう役に立つのか(2) ビッグデータとAI

》ビッグデータもAIも、統計学がなければ成立しない

前節ではビジネスにおける統計学の重要性について説明しました。この節では、より現代的な事例を紹介します。キーワードは「ビッグデータ」と「AI」です。

ビッグデータ分析の威力

ここ20年ほどの情報技術の発達によって、従来では考えられない種類と規模のデータが得られるようになりました。たとえば、従来の市場調査（マーケティング調査）で収

集されていたのは、多くの場合、数千人程度の規模のデータでした。それが現在では、10万、100万など、文字通り桁違いの人数のデータが分析できるようになりました。このように**規模の大きいデータのことを「ビッグデータ」**と呼びます。[*1] この節では、ビッグデータ分析の威力を示す、3つの有名なエピソードをご紹介しましょう。

(1)グーグル検索で感染症の流行を予測

インフルエンザのような感染症の流行をいち早く把握することは、公衆衛生上重要な課題です。

アメリカ政府が伝統的に使用してきた医療データでは、インフルエンザの流行は実際の流行の1~2週間遅れでしか把握できませんでした。この状況を変えたのが、インターネット検索でおなじみのグーグルでした。グーグルの分析チームは、インフルエンザの流行と特定のキーワードの間に強い関連があることを発見しました。たとえば、インフルエンザの流行が始まった地域では、「解熱剤」「咳の薬」といった検索が増加するのです。これを利用して、インフルエンザの流行時期と地域をほぼリアルタイムで把握できるようになりました。❶

（2）商品購入データから妊娠・出産を予測

妊娠をきっかけとして、女性の購買行動は大きく変化する場合があります。アメリカの大手ディスカウントストア「ターゲット」は、大量の顧客の商品購入データの分析によって女性客の妊娠確率を判定し、わずかな誤差で出産日まで予測することを可能にしました。出産日が予測できれば、そこから逆算して妊娠の段階を把握できます。「ターゲット」はこれをもとに、妊娠の各段階で必要となる（購入してもらえる可能性の高い）商品のクーポンを顧客に送付し、売り上げ増加につなげました❶。

（3）効果的なウェブデザインの作成

オバマ元大統領の最初の大統領選では、選挙支援を呼びかけるウェブサイトのデザインはビッグデータ分析で決定されました。「ＡＢテスト」と呼ばれるウェブ上での実験を用いて、人びとが最も惹きつけられるウェブサイトのデザインを探し出したのです。

ＡＢテストとは、ウェブサイトやネット広告のデザインを改善するために、しばしば用いられる方法です。２つのデザインＡとＢを作成し、ウェブサイトにアクセスしたユーザーに対し、ランダムにＡかＢどちらかを表示します（この「ランダムに」の意味については第3章第2節で解説します）。AとBそれぞれの成果、たとえばユーザーが広告をクリックした回数を比較することで、より効果の高いデザインを見つけることができるのです。

ABテストで最も効果のあったウェブサイトのデザインを用いたことで、オバマ陣営は後援者を40％、寄付金を6000万ドル上乗せできたと推定されています❷。

このように、ビジネスの世界で用いられるデータ、特に**ビッグデータには様々なビジネスチャンスが眠っている**と考えられます。このため、世界の多くの企業が、データ分析の専門家である「データサイエンティスト」を高給で雇うようになりました。日本はこの流れに乗り遅れていた感もあったのですが、最近では政府も大学におけるデータサイエンスの強化を推進しています。その結果、ここ数年の間にデータサイエンス関係の学部・学科を新設する大学が相次いでいます。

統計学あってのAI

最近では、ＡＩ（人工知能）が統計学以上にビジネスの世界で注目されています。では統計学はもう時代遅れなのかというと、そんなことはありません。なぜならＡＩと統計学は密接に関係しているからです。

ＡＩの学習には大量のデータが必要です。そして、大量データを高速に処理するためには、統計学の様々な技術が欠かせません。つまり、統計学がなければＡＩは成立しません。このように、統計学が必要な領域および統計学の必要性は、ビッグデータとＡＩの発展によって、ますます広がっているのです。

注釈

＊1 より厳密に言えば、ビッグデータは大容量（Volume）だけでなく、データの種類や形式の多様性（Variety）、データの発生頻度や更新速度の速さ（Velocity）、の3つのVによって特徴づけられます（さらにVを追加して5Vとする論者もいます）（文献❸）。

文献

❶ ビクター・マイヤー＝ショーンベルガー&ケネス・クキエ（斎藤栄一郎訳）．２０１３．『ビッグデータの正体』講談社

❷ セス・スティーヴンズ＝ダヴィドウィッツ（酒井泰介訳）．２０１８．『誰もが嘘をついている』光文社

❸ 笹原和俊．２０１９．「ビッグデータとは何か」『社会と調査』22：8–15

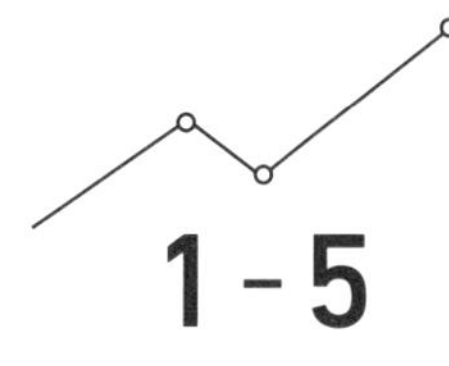

1-5

難易度 ★☆☆

統計はどう役に立つのか（3）
統計が役に立つ根本的な理由

統計を利用することで、思い込みを排し、より良い判断ができる

統計が利用される理由は

前の2つの節では、ビジネスの話題を中心に統計はどう役に立つのかを紹介しました。読者のみなさんの中には、「統計は金儲けの道具なのか」と憤慨している方もおられるかもしれませんが、もちろんそんなことはありません。

統計はビジネスだけでなく、医療、行政、教育など様々な分野で利用されています。科学研究では統計はもともとよく使われていましたが、近年では自然科学や社会科学だけでなく、人文科学での活用も進んでいます。

では、なぜ統計はこれほどまでに幅広く利用されているのでしょうか。その理由は「統計を利用することで、思い込みを排し、より良い判断ができるから」です。

認知バイアスにご用心

私たちは、自分が考えている以上に様々な思い込みにとらわれています。**こうした思い込みのことを「認知バイアス」と呼びます。**認知バイアスには多くの種類があります[*1]が、本書の内容との関連で言えば、次の2つが特に重要です。

(1)確証バイアス

自分の好みや信念に合う情報を過大評価し、そうでないものを過小評価する心理的傾向のことを「確証バイアス」と呼びます。

たとえば、新型コロナウイルスワクチンの有効性に関する情報を一切無視し、ワクチンの危険性に関する情報のみを受け入れてワクチンに反対する、極端なワクチン反対派の見解がこれにあたります。あるいは、「わが社はこの方法で成功したから、今後も同じ方法を続ければ安泰だ」といった自身の成功体験の過大評価がそうです。

(2)利用可能性ヒューリスティック

自分の入手しやすい情報、たとえば自分の身の周りにある情報や思い出しやすい情報に頼って物事を判断することを「利用可能性ヒューリスティック」と呼びます。これによって、実際は間違った情報であっても、周りの人が信じていたり、マスメディアで繰り返し同じ情報が流されたりすると、その情報は正しいと認識しやすくなります。

「確証バイアス」にとらわれている!?

たとえば、政府やマスメディアが「原発は安全」と繰り返し宣伝しているので、原発は安全だと何となく思い込んでしまう、いわゆる「原発の安全神話」がこれにあたります。

情報技術の発展は、こうした**認知バイアスを弱めるのではなく、むしろ強める方向に作用しています**。たとえば、インターネットの検索結果やツイッターなどのSNSで提示される情報は、多くの場合ユーザーの好みに合わせて自動的にフィルタリングされており、「ユーザーが見たい情報」が優先的に示されます。また、SNSでは同じ意見を持つ人同士がつながりやすいため、「自分はみんなと同じ」「みんな同じように考えている」

人は周囲やマスメディアの情報に流されがち

と認識しやすい環境が形成されます。言い換えると、自分の好みに合わない情報や、見たくないけど重要な情報に接しにくくなります。結果として、ネット上では確証バイアスと利用可能性ヒューリスティックが発生しやすくなり、フェイクニュースなどの誤った情報を信じる人びとが増える原因となっていると考えられます❹。

確実な証拠としての統計

こうした認知バイアスの影響から逃れるために重要なのが、**「事実を正しく知ること」「確実な証拠に基づいて物事を判断すること」**です。ひとくちに「確実な証拠」といってもいろいろあるのですが、その1つが統計です。

2019年に出版されて話題になった『FACTFULNESS（ファクトフルネス）』は、統計（確実な証拠）によって思い込みを取り去ることの重要性を印象的な形で示していました。未読の方は、ぜひお読みください。

この節の冒頭で、「統計はビジネスだけでなく、医療、行政、教育など様々な分野で利用されています」と述べました。これらの分野では、もっともらしいけれど本当かどうかわからない意見や経験則などに頼るのではなく、きちんとした証拠（エビデンス）に基づいて意思決定をおこなうことが重視されるようになっています。[*2] だからこそ、きちんとした証拠としての統計の重要性も増しているのです。

もちろん、統計なら何でもいいわけではなく、きちんとした証拠になりうる統計と、そうでない統計があります。この問題については、本書の第3章で解説します。

注釈

＊1 たとえば『認知バイアス辞典』（情報文化研究所 ２０２１）では60個、その続編『認知バイアス辞典（行動経済学・統計学・情報学編）』（情報文化研究所 ２０２２）ではさらに60個の認知バイアスが紹介されています。もっとも、これら１２０個の中には認知バイアスと呼ぶのは微妙なものも含まれているように思いますが。

＊2 具体的には、「証拠に基づいた政策立案」（Evidence Based Policy Making: EBPM）「証拠に基づいた医療」（Evidence Based Medicine: EBM）「証拠に基づいた教育」（Evidence Based Education: EBE）がますます重視されるようになっています。

文献

❶ 情報文化研究所．２０２１．『情報を正しく選択するための認知バイアス事典』フォレスト出版
❷ 情報文化研究所．２０２２．『情報を正しく選択するための認知バイアス事典：行動経済学・統計学・情報学編』フォレスト出版
❸ ハンス・ロスリング（上杉周作・関美和訳）．２０１９．『ＦＡＣＴＦＵＬＮＥＳＳ：10の思い込みを乗り越え、データを基に世界を正しく見る習慣』日経ＢＰ社
❹ 笹原和俊．２０１８．『フェイクニュースを科学する』化学同人

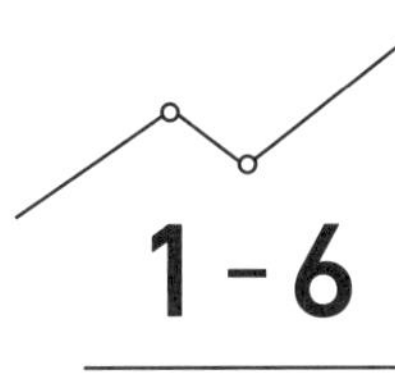

1-6

難易度 ★★☆

統計リテラシーって何だろう

統計学の知識のみにとどまらない総合的な能力が統計リテラシー

「統計リテラシー」の意味

統計が様々な分野で重視されるようになったことに伴って、「統計リテラシー」という言葉もよく使われるようになりました。

リテラシーという言葉のもともとの意味は「読み書き能力」です。これを拡大して「特定の分野についての基本的な知識や活用能力」の意味でも使われます。たとえば、マスメディアの情報を適切に読み解く能力なら「メディア・リテラシー」、金融に関する基本的な知識や金融情報を理解する能力なら「金融リテラシー」といった具合です。統計リテラシーの場合は、「**統計を読み解く基本的な知識と能力**」となるでしょうか。
イスラエルの統計学者Ｉ・ガルは、統計リテラシーを次のように定義しています。

（a）様々な文脈で遭遇しうる統計情報やデータに関連した議論、確率的な現象について解釈し、批判的に評価する能力。また場合によって（b）前述のような統計情報について、情報の意味の理解、情報が示唆することについての意見、所与の結論を受け入れられるのかという懸念などといった、受け手の反応について議論したり伝えたりする能力。[*1]

なかなか難しい言い方をしていますが、思い切って要約すれば、（a）は統計を理解する知識と能力、（b）は統計について議論する能力、となるでしょうか。統計リテラシーは、単なる**統計学の知識にとどまらない、幅広く総合的な能力である**ことが理解いただけると思います。

統計リテラシーの構成要素

では、具体的にどのような知識や能力を学べば、統計リテラシーを身に着けることができるのでしょうか。ガルによれば、統計リテラシーは次頁の**図1**のように、知識要素と心理的要素の2つから構成されます。

(1)知識要素

知識要素は「リテラシー・スキル」「統計的知識」「数学的知識」「文脈についての知識」「批判的な問い」の5つからなります。「リテラシー・スキル」とは、**統計を含んだ文章や口頭での説明を適切に読み取る力**のことです。これは、本来の意味でのリテラシーとほぼ同じものと言えます。統計は単なる数値やグラフだけではなく、何らかの説明と一緒に提示されます。その説明をきちんと理解できなければ、統計を正しく理解することもできないというわけです。この能力は統計情報を読み解く上で重要であると同時に、統計を使って説明する時にも重要となります。

統計リテラシーに「統計的知識」と「数学的知識」が含まれるのは当然なので、これ

図1　統計リテラシーの構成要素

知識要素
Knowledge Elements

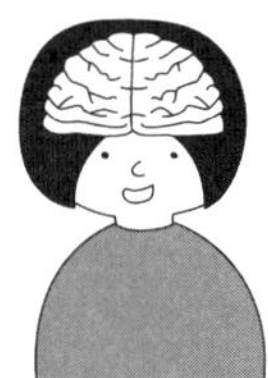

心理的要素
Dispositional Elements

リテラシー・スキル
Literacy Skills

統計的知識
Statistical Knowledge

数学的知識
Mathematical Knowledge

文脈についての知識
Context Knowledge

批判的な問い
Critical Questions

信念と態度
Beliefs and Attitudes

批判的な心がまえ
Critical Stance

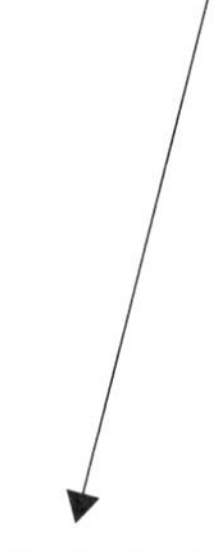

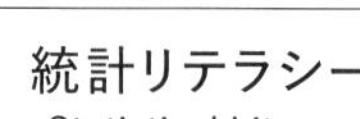

出典：Gal(2002, p.4, Table1)より筆者作成

らについての説明は省略します。「文脈についての知識」とは、**統計がどのように作られるのかに関する知識**です。説明の中で統計情報が出てくる時、単に数字やグラフが提示されるだけで、その統計がどのように作られたかが詳しく説明されることは稀です。しかし、統計を正しく理解するためには「その統計がどのように作られたか」といった背景情報を知ることも重要です。

最後に「批判的な問い」ですが、これは**統計を含む説明の背後にある意図を批判的に考えること**です。統計は誰かを説得するための証拠として用いられます。たとえば、現在の内閣を批判したい人は、内閣支持率のわずかな低下を「内閣支持率が急落！」のように大げさに表現して世論を誘導しようとするかもしれません。このように、統計を伴うメッセージの妥当性や意図を批判的に検討するのが、批判的な問いです。これはメディア・リテラシーの一種でもあります。

（2）心理的要素

心理的要素は、「信念と態度」「批判的な心がまえ」の2つからなります。

これらは、**2つまとめて「統計リテラシーを実践するための基本的な心がまえ」**と理

解してください。たとえば、おかしな統計の使い方に接したら「それは変だ」と指摘するとか、「自分は数字に弱いから」などの口実で統計から逃げないといった姿勢です。

こうした心がまえを統計リテラシーに含めるのは奇妙に思えるかもしれません。しかし、これらの心がまえを欠いてしまえば、どんなに優れた知識や能力があってもそれを発揮できないのですから、やはり重要な要素なのです。

統計リテラシーを構成する要素は数多くあり、互いに密接に関連しています。統計学のみを勉強すれば統計リテラシーが身に着くわけではありません。統計リテラシーの構成要素を、むりやり一言でまとめるとすれば「科学的教養」とでもなるでしょうか。統計リテラシーに限らずよく言われることですが、やっぱり教養って大事なんですね。

注釈

＊1 文献❶、訳は文献❷。

文献

❶ Gal, Iddo, 2002, “Adults’ Statistical Literacy: Meanings, Components, Responsibilities”, *International Statistical Review*, 70: 1-51, p.2-3.

❷ 古賀竣也．２０２０．「統計的リテラシーにおける批判的態度の構造とスキルの関係」『日本教育工学会論文誌』44（１）：１１５-１２５

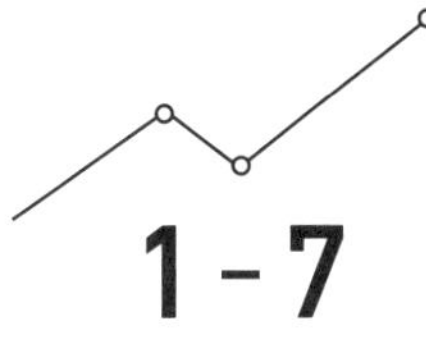

1-7

難易度 ★☆☆

「だまされない」と「だまさない」

自分が他人をだましてしまう危険性を認識しよう

「統計ヤバイ系」の世界へようこそ

書店には様々な統計学の解説書が並んでいます。そうした解説書の一大ジャンルと言えるのが「統計ヤバイ系」です。そんな言葉は聞いたことがないかもしれませんが、それもそのはず、筆者がいま適当に作りました。*1

統計ヤバイ系とは、タイトルに刺激的な言葉を使って読者の不安や危機感をあおる本のことです。次のリストは、これまでに筆者が入手した統計ヤバイ系の書籍のタイトルをまとめたものです。[*2] これらの著者・訳者・編集者・出版社その他関係者のみなさま、お気を悪くされたらごめんなさい。

・統計でウソをつく法
・統計という名のウソ
・統計はウソをつく
・統計はこうしてウソをつく
・統計の9割はウソ
・本当は嘘つきな統計数字
・データはウソをつく
・だから数字にダマされる
・統計数字にだまされるな
・信じてはいけない「統計的に正しい」こと
・ヤバい統計学
・本当にヤバイ統計

刺激的なタイトルで読者も刺激！

・数字の嘘を見抜く本
・グラフのウソを見破る技術

「ウソ」「嘘」「だまされる」「だます」「信じてはいけない」「ヤバい」等、物騒な言葉が並んでいます。

統計ヤバイ系のウラ事情?

統計ヤバイ系の本が出版される理由は、大きく2つ考えられます。

1つめは警告です。現代社会は科学に支えられています。それゆえ私たちは、統計やグラフなどの科学的な雰囲気の情報を無批判に信じてしまいがちです。

しかし、**科学的な雰囲気のある情報が常に正しく、信頼できるとは限りません**。そこで統計ヤバイ系の本は、科学っぽい情報を無批判に信じ込む私たちの安易な態度に警鐘を鳴らすべく、あえて過激なタイトルをつけているのでしょう。特に近年は、統計やデータの重要性がかつてないほど強調されるようになりました。その分だけ、統計を使った嘘やだましに気をつける必要も高まっています。

2つめは経営的な判断です。「本は商品。売れなきゃ意味ないね」「ド派手なタイトルで人目を引いてやる！　世の中目立ったもん勝ちじゃ」「悪名は無名に勝る」といった販売促進上の理由から、地味なタイトルよりも統計ヤバイ系のタイトルが好まれるのでしょう。今お読みいただいているこの本のタイトルは統計ヤバイ系ではありませんが（実は微妙?-）、大修館書店内部では統計ヤバイ系で売り出したい派と反対派の間で血みどろの闘争が繰り広げられたとか。嘘です。

統計ヤバイ系のタイトルには、賛否両論いろいろな意見があると思います。筆者の感想

科学的な雰囲気の情報が常に正しいとは限らない

は「強気だなあ」「自信あるんだなあ」です。「だまされるな」と主張する人は、「自分は正しい」「自分はだまされない」という自信があるのかもしれません。

しかし、間違いをしない人間はいません。

統計で「だまさない」こと

統計だけでなくデマやフェイクニュースもそうですが、誤った情報が広まる理由は2つあります。

1つは、誰かが意図的に誤った情報を流す場合です。これは、他人をだますことが何らかの利益になる時におこなわれます。

もう1つは、その情報を正しいと信じた人

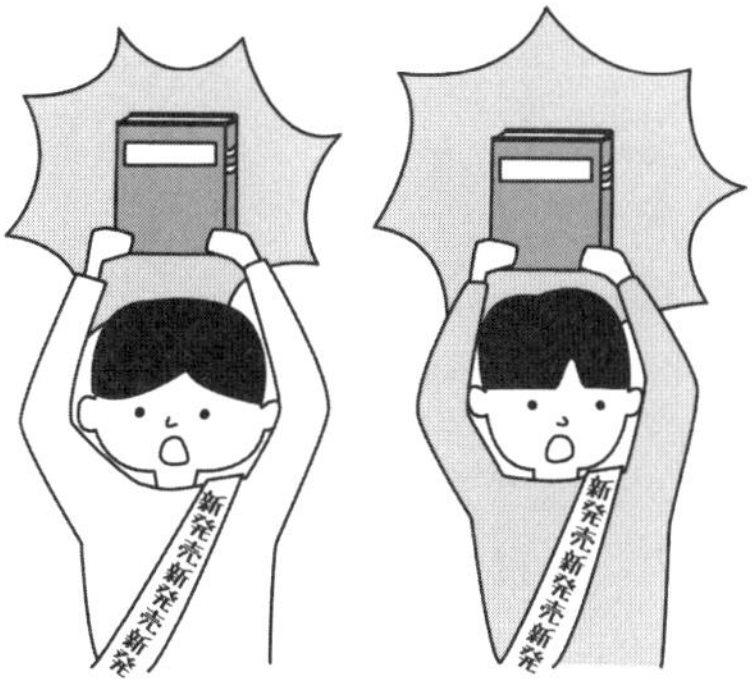

「目立ったもん勝ち」「売ってやる」からの強気なタイトル

が広める場合です。「この重要な情報を他の人にも教えてあげなきゃ」といった善意で広める場合、あるいは「この情報をいち早く拡散してマウントとったろ」といった虚栄心で広める場合などがこれにあたります。

どこかの誰かが誤った情報を拡散するのは困ったことですが、自分がニセ情報を信じ込んで他人に拡散してしまったら目も当てられません。統計にだまされないことは大事ですが、それと同じくらい、あるいはそれ以上に、自分が他人をだまさないことは重要です。統計リテラシーは、**「だまされない」だけでなく「だまさない」ためにも必要**なのです。

かくいう筆者も、仕事がらデータ分析をお

誤った情報を意図的に流す人もいる

こなって小難しい学術論文や学術書を執筆していますが、後で見直したら頭を抱えたくなる間違いをしたことが何度かあります。歳をとるにつれてデータ分析のミスも多くなり、最近は「俺様の分析が間違っているはずがない！」ならぬ「俺様の分析が正しいはずがない！」という諦めの境地に至りました。[*3]

世の中には、意図的に他人をだまそうとする人がいることは確かです。その一方で、自分は正しいことをしているつもりでも、実はそれが間違っており、**結果として人をだましてしまう危険性を自覚することも大切**です。

注釈

＊1 筆者が知らないだけで、すでに使われている言葉なのかもしれません。その場合はごめんなさい。

「すっごくいい情報なので、みんなに教えてあげよう！」
という100%善意のはずが…

＊２　筆者が入手したもの限定です。他にも出版されているかもしれませんが、その場合はごめんなさい。

＊３　データ分析の経験のある方向けに補足、というより愚痴りますと、加齢によるミスが特に発生しやすいのがデータの下処理です。具体的には、複数データセットの統合、データ形式の変換、変数の再コードなどですね。複雑なデータの場合、いくら気をつけてもどこかでミスが起こりがちです。データの下処理にミスがあると、そのミスが以降の作業に波及して全てが台無しになるので、ミスに気づいた時の徒労感と絶望感は恐ろしく深いものになります。ということで、データの下処理を完璧にサポートしてくれるＡＩは登場しないものでしょうか。筆者「ＡＩ様、この５つのデータセットをマージして職歴と家族歴からパーソンピリオドデータを作成していただけますでしょうか」、ＡＩ様「ほらよ」、筆者「ありがとうございますありがとうございます」。最近のＡＩの発展ぶりからすると、読者のみなさんがこれを読んでいる時点で、すでに実用化されているかもしれません。というかそうなってくださいお願いします。

文献（「統計ヤバイ系」リストの文献）

❶ダレル・ハフ（高木秀玄訳）．１９６８．『統計でウソをつく法：数式を使わない統計学入門』講談社ブルーバックス
❷ジョエル・ベスト（林大訳）．２００２．『統計はこうしてウソをつく：だまされないための統計学入門』白揚社
❸モルテン・イェルウェン（渡辺景子訳）．２０１５．『統計はウソをつく：アフリカ開発統計に隠された真実と現実』青土社
❹ジョエル・ベスト（林大訳）．２００７．『統計という名のウソ：数字の正体、データのたくらみ』白揚社
❺門倉貴史．２０１０．『本当は嘘つきな統計数字』幻冬舎新書
❻谷岡一郎．２００７．『データはウソをつく：科学的な社会調査の方法』ちくまプリマー新書
❼マイケル・ブラストランド＆アンドリュー・ディルノット（野津智子訳）．２０１０．『統計数字にだまされるな：いまを生き抜くための数学』化学同人
❽市毛嘉彦．２０１２．『信じてはいけない「統計的に正しい」こと：あやしい健康情報やニセ科学にダマされない方法』幻冬舎
❾竹内薫．２０１４．『統計の９割はウソ：世界にはびこる「数字トリック」を見破る技術』徳間書店
❿小林直樹．２０１６．『だから数字にダマされる』日経ＢＰ社
⓫カイザー・ファング（矢羽野薫訳）．２０１１．『ヤバい統計学』ＣＣＣメディアハウス
⓬江勝弘・日間賀充寿．２０２２．『本当にヤバイ統計』言視舎
⓭田口勇．２０２０．『数字の嘘を見抜く本：カモにされないための数字リテラシー』彩図社
⓮アルベルト・カイロ（藪井真澄訳）．２０２０．『グラフのウソを見破る技術：マイアミ大学ビジュアル・ジャーナリズム講座』ダイヤモンド社

第 2 章

統計数値の特徴を理解しよう

ふだん何気なく接している統計数値。簡単に見える数値にも、意外に注意すべきことがあります。第2章では、パーセントや平均値など、日常的に接する機会の多い統計数値の特徴や注意すべき点について解説します。

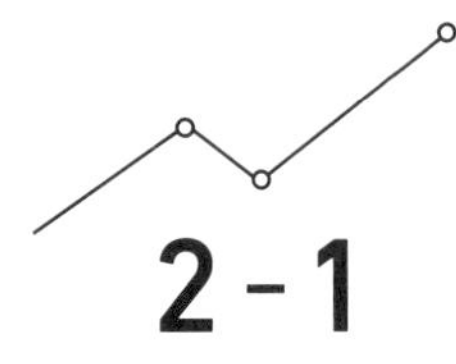

2-1

難易度★★☆

統計と定義は表裏一体

統計数値を正しく理解するには、定義を知ることが不可欠

数えるためには定義が必要

統計のもとになるのはデータです。そのデータを作る場合に欠かせないのが対象を「数える」あるいは「測る」ことです。人口調査が典型ですが、対象がどれくらい存在するかを把握することがデータ作りと直結します。

その際に必要なのが、**対象を定義する**ことです。何かを数えようと思ったら、その対象が何かを、誰にでもわかるように明確に定義する必要があります。

たとえば、日本にあるマンションの棟数を数えようと思ったら、まずは「マンション」とは何かを定義しなければなりません。さもないと、どの建物をマンションとして数えればいいのかわからなくなるからです。ある調査員は木造2階建ての賃貸住宅をマンションとして数えたのに、別の調査員は同じような建物を「アパート」とみなして数えないといったことが起きると、まともな統計は作れません。統計の作成に携わる人全員がマンションの定義を共有し、誰もが同じように判断できるようにする必要があります。

それでは、マンションとは何でしょうか。不動産業者の間では、「鉄筋コンクリート建てで3階建て以上の集合住宅」と定義されることが多いようです。ある不動産業者のウェブサイトでは、次のように説明されています。

日本におけるマンションは、一般的には、鉄骨コンクリート造または鉄骨鉄筋コンクリート造で、3階建て以上の分譲共同住宅・賃貸共同住宅を指している。ただし、賃貸共同住宅の場合にはＰＣ造・重量鉄骨造であっても、マンションと呼ばれることがある。

出典：三井住友トラスト不動産「不動産用語集」[*1]

文中の「PC」とは「プレキャスト・コンクリート」の略で、組み立て式コンクリートのことです。この定義だと、コンクリート製の3階建て以上の建物であることがマンションの基本的な条件のようです。

定義が違えば数値も変わる(かもしれない)

法律はどうでしょうか。「マンションの管理の適正化の推進に関する法律」では、マンションは次のように定義されています。

(イ)二以上の区分所有者が存する建物で人の居住の用に供する専有部分のあるもの並びにその敷地及び附属施設

(ロ)一団地内の土地又は附属施設が当該団地内にあるイに掲げる建物を含む数棟の建物の所有者の共有に属する場合における当該土地及び附属施設

出典:「マンションの管理の適正化の推進に関する法律」第2条1[*2]

一読しただけでは何のことやらよくわかりませんが、コンクリートじゃなきゃダメとか、3階建て以上じゃないとダメとは書いてありません。しかしこの定義だと、マンションを外観から判断するのは難しそうです。

ここで、実際の統計ではマンションはどう定義されているかを確認しましょう。マンションに関する統計としては「建築着工統計」(国土交通省)が代表的です。この統計では、マンションは次のように定義されています。

「建築着工統計調査」の調査項目のうち、以下の3つの条件が全てあてはまるもの

・利用関係が「分譲住宅」
・構造が「鉄骨鉄筋コンクリート・鉄筋コンクリート・鉄骨」
・建て方が「共同住宅」

出典:国土交通省「建築動態統計調査の概要」[*3]

法律の定義に比べるとかなり具体的ですね。[*4] この定義では鉄筋コンクリート建築であることが条件となっていますが、3階建て以上じゃなきゃダメというわけではないよう

です。

ということで、不動産業界の常識、法律、統計上の定義はいずれも異なることがわかります。どの定義に基づいて統計を作るかで、マンションの数は異なるはずです。このように、統計と定義は切っても切れない関係にあります。裏を返せば、**統計数値を理解する上で、定義を知っておくことが非常に重要**です。[*5]

新型コロナ統計と定義

ここで話題を変えて、新型コロナウイルスの問題を考えてみましょう。新型コロナウイルス関連の統計数値も、定義の問題を含んでいます。たとえば、日々のニュースでは新型コロナウイルスによる死者数が報じられています。しかし、ある患者が新型コロナウイルスによって死亡したかどうかを判断するのは、場合によってはかなり難しい問題です。

たとえば、次のケースを考えてみましょう。

ケース1：もともと基礎疾患があった人が新型コロナウイルスに感染し、その影響で基礎疾患が悪化して死亡した。

ケース2：いわゆる医療崩壊が生じて、新型コロナ以外の病気の人が適切な治療を受けられずに亡くなった。

これらのケースを「新型コロナウイルスによる死亡」とみなしてよいかどうかは、意見が分かれそうです。実は「コロナによる死亡」の定義は国際的に統一されていないだけでなく、日本国内でも厳密には統一されていません❶（2023年2月時点）。したがって、先ほどの2つのケースが「新型コロナウ

定義が決まっていないと判断が難しい

イルスによる死亡」に含まれるかどうかは、国や地域によって判断が異なる可能性があります。この問題に興味のある方は新型コロナによる死亡の判断がどのようになされているか、ぜひご自分で調べてください。

注釈

＊1 https://smtrc.jp/useful/glossary/detail/n/1652

＊2 https://elaws.e-gov.go.jp/document?lawid=412AC1000000149

＊3 https://www.mlit.go.jp/toukeijouhou/chojou/gaiyou/gai_kent.htm

＊4 このように統計を作る際の定義は、可能な限り具体的であることが要求されます。調査や実験で測定できるようにした定義のことを「操作的定義」と呼びます。

＊5 定義が決まれば数えることは簡単に思えるかもしれませんが、実際に対象を定義する・数えることは、非常に複雑で微妙な作業になることがあります。詳しく知りたい方は、文献❷の第1章をお読みください。

文献

❶ 今村顕史他．２０２３．「オミクロン株による第8波における死亡者数の増加に関する考察」（第１１７回（令和5年2月22日）新型コロナウイルスアドバイザリーボード資料）https://www.mhlw.go.jp/content/10900000/001062650.pdf

❷ 筒井淳也．２０２３．『数字のセンスを磨く：データの読み方・活かし方』光文社新書

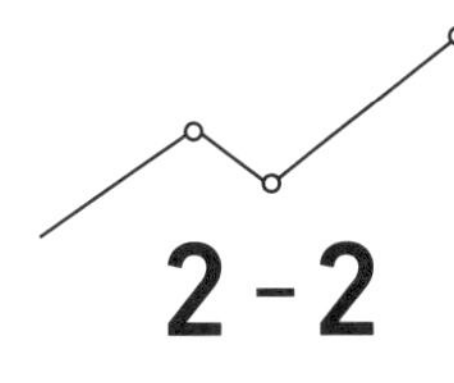

2-2

難易度 ★★☆

パーセントは「差」と「設定」に注意

パーセントの差は「ポイント」

「○○率」は設定しだいで数値が変化する

改めて、パーセントとは何か

パーセントと平均値は日常的に最もよく使われる統計数字です。この節ではパーセント、次の節では平均値について、注意すべき点を説明します。

パーセント（percent）は、「パー」と「セント」の2つの言葉が組み合わされたものです。パー（per）は「～あたり」「～に対して」、セント（cent）は「100」を意味します。パーセントを「百分率」と訳すのはこのためです。計算法は「対象の数÷全体の数×100」。つまり、全体を100とした時の対象の割合を示します。

おなじみの数字であるにも関わらず、パーセントの誤用は決して珍しくありません。パーセントに関して注意すべきことは2つあります。第1に、2つのパーセントの数値の差の表現のしかた。第2に、パーセントを計算する際の数値の設定（分子と分母の設定）です。

2つの注意点

（1）2つのパーセントの数値の差の表現

突然ですが、クイズです。たとえば、先月は50%だった内閣支持率が、今月は60%に上昇したとします。この増加分を何と表現するでしょうか。

A　10パーセントの増加　　B　10ポイントの増加

正解はBです。「ポイント」を使うの理由は、「2つの数値の差」と「2つの数値の差をパーセントに換算したもの」を区別するためです。ちょっとわかりにくいので、具体例で考えましょう。下の囲みをご覧ください。

この例のように数値の単位がパーセントでない場合、「**①2つの数値の差の計算**」と「**②2つの数値の差をパーセントに換算**」の結果を混同することはありません。しかし、内閣支持率やテレビの視聴率のように、パーセントを単位とする数値で同じような計算をする場合、話がややこしくなります。

次の頁の囲みをご覧ください。このように、数値の妙なことに、単位がパーセントの場合、「10%の増加」と「20%の増加」という2つの結果が得られてしまいます。③と④、どちらが正しい計算なのでしょうか。

①2つの数値の差の計算

先月50kgだった体重が、今月は60kgに増加した。

体重は10kgの増加（60－50＝10）。

②2つの数値の差をパーセントに換算

先月50kgだった体重が、今月は60kgに増加した。

体重は10kgの増加。

この10kgの増加を、先月の体重50kgを基準として計算すると、20%の増加（体重の増加量÷先月の体重×100（10÷50×100＝20））。

もちろん、正しいのは④、つまり「20％の増加」です。③と④の計算の中身に注意してください。③は、ただの引き算にすぎません。これに対し、④は「対象の数値を基準値で割って100をかける」というパーセントの計算をおこなっています。したがって、④が正解になります。

数値の単位がパーセントの場合、ただの引き算の結果と、本来の意味でのパーセントの計算結果の区別がつきにくくなってしまいます。そこで、③のようにパーセントを単位とする数値を引き算する場合は、**その差を「パーセント」と呼ばず「ポイント」と呼びます**（正しくは「パーセンテージポイント」ですが、長いので「ポイント」と省略するの

③2つの数値の差の計算

先月50％だった内閣支持率が、今月は60％に上昇した。内閣支持率は10%の増加（60－50＝10）。

④2つの数値の差をパーセントに換算

内閣支持率の増加量を、前月の内閣支持率50%を基準としたパーセントであらわすと、20％の増加（支持率の増加量÷先月の支持率×100（10÷50×100＝20）。

が普通です)。

ニュースで世論調査の結果などが紹介される時は、このルールにしたがって「5ポイントの増加」のように説明されています。もしかすると、なぜ「○ポイント」と表現するのか知らなかった方もいるかもしれませんが、実はこういう理由があったのです。

(2)分子と分母の設定

もう1つ注意が必要なのが、パーセントを計算する際の、分子(対象の数)および分母(全体の数)設定です。

たとえば、ある大学が学生の就職内定率を計算する場合を考えましょう。常識的に考えれば、下の囲みのような計算になりそうです。

内定率の計算法① $\dfrac{\text{内定を獲得した学生数}}{\text{就職希望の学生数}} \times 100$

しかし、この計算方法だと内定率が低めになる場合があるので、大学の宣伝には不向きです。内定率を高く見せるためには、下の囲みのような計算をすれば良さそうです。

内定を複数社から獲得する学生もいるので、それを利用して分子を「内定獲得総数」（のべ内定獲得数）にしたのがポイントです。この計算法だと、場合によっては内定率が１００％を超えるので、数字のインパクトは抜群です。

２つの内定率のどちらが良いかは目的次第です。大学側としては、宣伝のために②を用いたいでしょう。しかし、学生やその親にとって知りたいのは①でしょう。このように「どう計算したか」が数値の意味を理解する上で重要になることがあります。

ここまではパーセントの計算式の分子の設定を説明しましたが、同じことは分母にもあてはまります。

たとえば、大学生の就職率を計算したければ、分母は「卒業生の数」とするのが自然に思えます。しかし、大学の卒業生の中には就

内定率の計算法②　$\dfrac{\text{学生の内定獲得総数}}{\text{就職希望の学生数}} \times 100$

職しない人たちが存在します。大学院への進学、留学、病気療養、結婚、起業（自分で事業を起こすので「就職」ではない）などがその理由です。ならば、就職率を計算する時の分母は、就職希望者のみに限定した方がいいいかもしれません。ここから、下の囲みのように2種類の就職率を考えることができます。

実は、文部科学省の作成する「学生の就職率」の統計は、ある時期までこれら2つの計算法が統一されておらず、混乱が生じていました（現在は計算法①に統一）。[*1] このように、単純に見えるパーセントという数値にも、いろいろと注意すべき点が潜んでいるのです。

就職率の計算法①

$$\frac{\text{就職者数}}{\text{就職希望者数}} \times 100$$

就職率の計算法②

$$\frac{\text{就職者数}}{\text{卒業者数}} \times 100$$

注釈

*1 文部科学省（2013）「文部科学省における大学等卒業者の「就職率」の取扱いについて（通知）」
https://www.mext.go.jp/a_menu/koutou/gakuseishien/1343017.htm

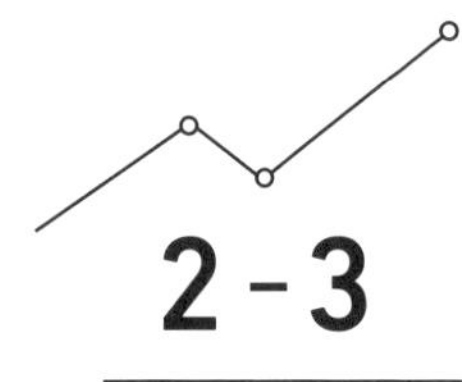

2-3

気をつけたい平均値の性質3つ

難易度★★☆

平均は「普通」を意味するとは限らない

平均値の計算法は、おなじみ「合計÷個数」。10人の平均身長を計算したければ、10人の身長を足して人数で割ります。これは、「全員の身長を同じにしたらどのくらいになるか」を計算していることになります。

平均値は日常的によく使われますが、ここから転じた「平均的」という言葉も、日常用語としておなじみです。基本的に、「平均的」は「普通」の意味で使われます。たとえば、「平均的な家庭」なら「普通の家庭」とかですね。

とても身近な平均値ですが、平均値には次の3つの注意すべき性質があります。

（1）平均値は「ちょうど真ん中」の値になるとは限らない。
（2）平均値は「いちばん多い」値になるとは限らない。
（3）平均値は極端な数値の影響を受ける。

（1）平均値は「ちょうど真ん中」の値になるとは限らない

たとえば、成人男子10人の平均身長が175cmだったとします。この10人を身長順に並べたら、平均値である175cmはちょうど真ん中になると考えたくなります。この「平均値＝ちょうど真ん中」は正しい場合もありますが、正しくない場合もあります。

（2）平均値は「いちばん多い」値になるとは限らない

同様に、成人男子10人の平均身長が175cmだった時、平均値である175cm前後の身長の人が最も多いと考えたくなります。この「平均値＝いちばん多い」も正しい場合もありますが、正しくない場合もあります。

「平均値＝ちょうど真ん中」「平均値＝いちばん多い」が正しいかどうかは、データの形がどうなっているかによります。この**「データの形」のことを、専門的には「分布」と呼びます**。平均値が「ちょうど真ん中」「いちばん多い」になる典型的な分布が**図1**です。これは日本人の高校生女子（17歳）の身長をグラフ化したものです。グラフの縦軸は人数、横軸は身長を示します。

図1の形は「正規分布」と呼ばれる分布に近いものになっています。正規分布は、「平均＝ちょうど真ん中＝いちばん多い」が実現する典型的なデータの形です。平均を「普通」の意味で使う時に想定されているのは、この形でしょう。

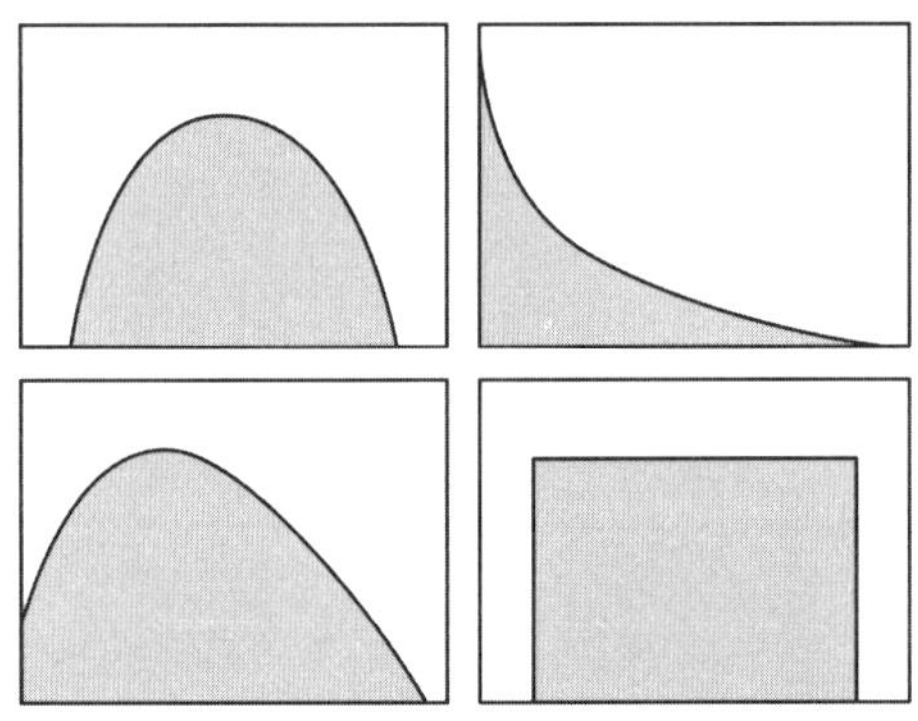

分布の形状はいろいろ

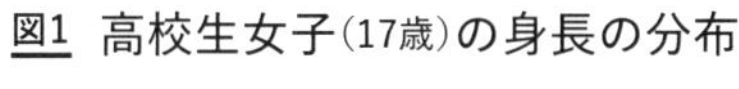

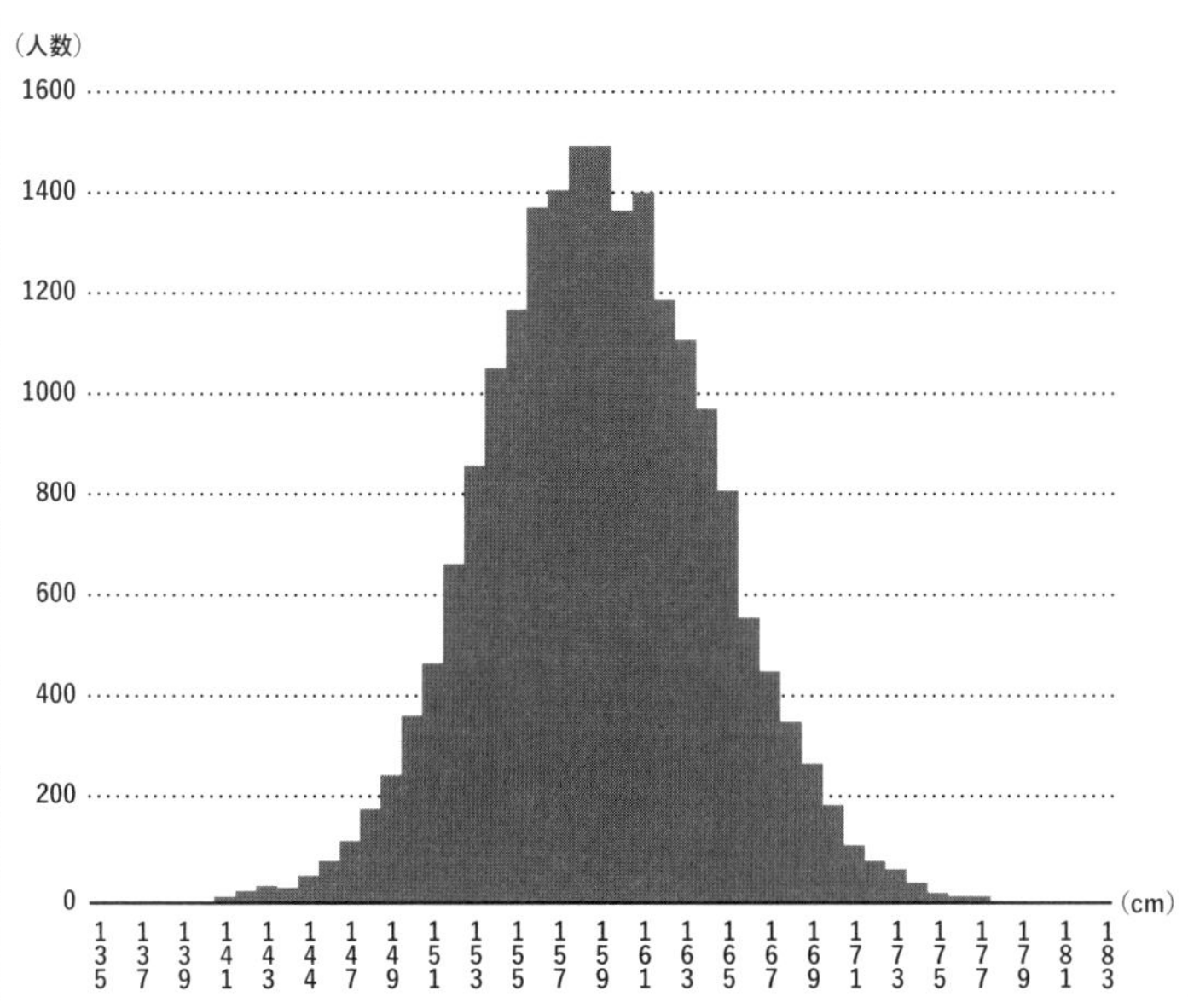

出典：文部科学省「学校保険統計調査」(令和2年)

注)調査対象者の正確な人数が不明のため20000人として計算した結果をグラフ化したもの

一方で、「平均値＝ちょうど真ん中＝いちばん多い」にならないものもあります。たとえば収入がそうです。**図2**は、日本の世帯年収の分布をまとめたものです。低収入層の割合が多く、高収入層の割合が少ない形になっています。グラフの中に「中央値」という数値が出てきますが、これについては次節で説明します。

（3）平均値は極端な数値の影響を受ける

データに極端な数値が含まれると、平均値はデータの実態をうまく反映してくれない場合があります。

たとえば、T社に勤務する5人の社員が過去1か月に獲得した契約数の平均値を計算したところ、4件でした。この平均値だけで判断すると「この人たち、みんなそれなりに仕事してるのね」と考えたくなりますが、必ずしもそうとは言えません。70頁の**表1**をご覧ください。

Aのように5人全員が4件ずつの契約を獲得すれば「みんなそれなりに仕事してる」と言えるでしょう。しかし**B**のようにずば抜けて優秀な社員（はるき）が20件獲得し、残り4人はゼロでも、平均値は同じく4です。つまり、契約20件獲得という極端な

図2 世帯年収の分布

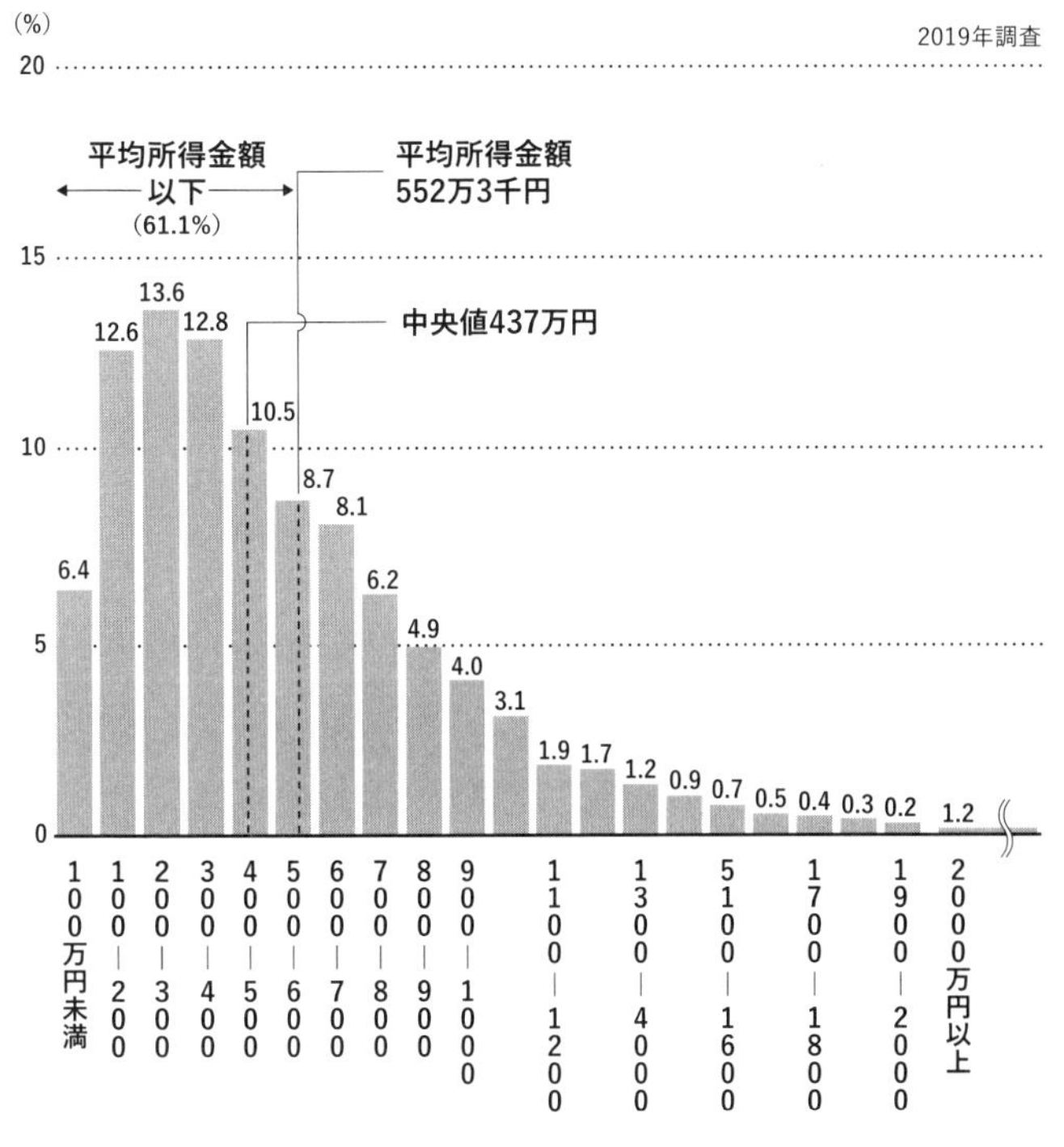

出典：厚生労働省「国民生活基礎調査」(令和元年)

表1　過去1か月の契約獲得件数(架空例)

お名前	A 全員同じ場合	B 一人勝ちの場合
はるき	4	20
ひろき	4	0
ふゆき	4	0
へいき	4	0
ほうき	4	0
合計	**20**	**20**
平均	**4**	**4**

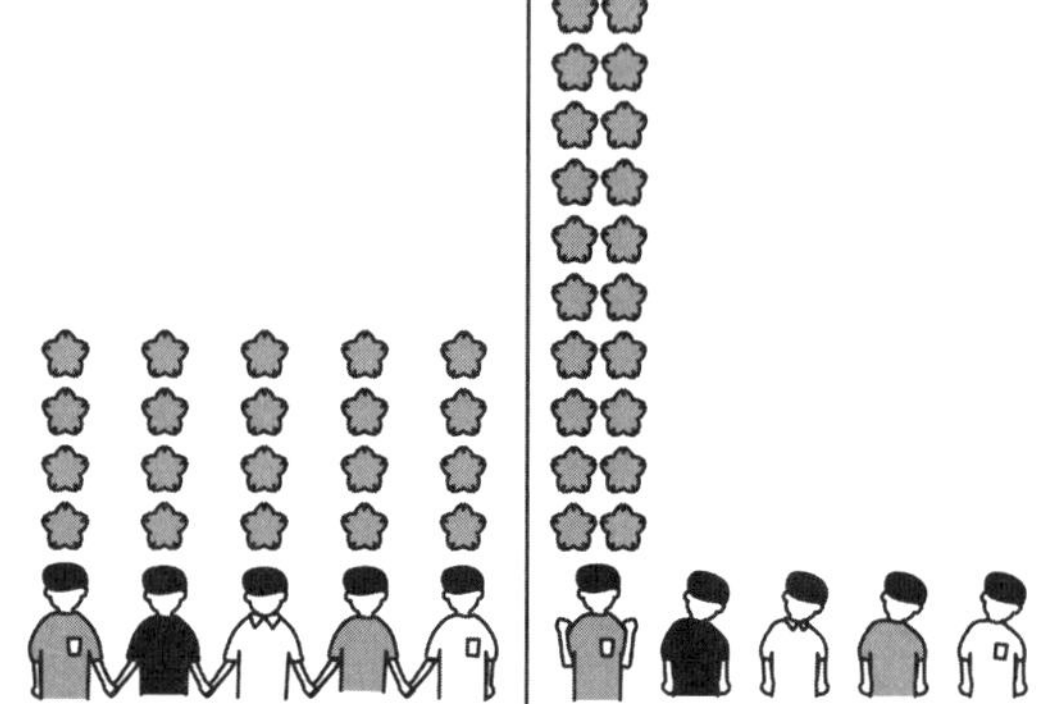

値が存在することによって、契約を取れなかった社員の方が多いという実態が見えなくなってしまうのです。このように、**平均値はデータに含まれる極端な数値（他と比べて小さすぎる、または大きすぎる数値）の影響を受けます。**

このような極端な数値のことを、統計学では「外れ値」と呼びます。外れ値によって平均値が実態に合わなくなる有名な例が、世帯の貯蓄額の平均です。「家計調査」（総務省）によれば、２０２１年の２人以上の世帯の貯蓄額の平均値は１８８０万円でした。そんなに多いのかと驚かれる方もいるかもしれませんが、これはデータの一部に、貯蓄額が極端に多いお金持ち、すなわち外れ値が含まれるためです。

2-4

難易度 ★★☆

平均値だけで大丈夫？（1）中央値と最頻値

平均値・中央値・最頻値、3つの違いを理解しよう

データの特徴を示す数値として、平均値と似た性質を持つのが中央値と最頻値です。統計学では、**平均値・中央値・最頻値をまとめて「代表値」あるいは「中心傾向」と呼びます**。それは、これら3つの数値が何らかの意味でデータの中心を示すものであり、データの中心こそがデータの特徴をあらわす代表的な数値だ、という考え方に基づいているからです。

順番が基準の中央値

中央値は、データに含まれる数値を小さい値から大きい値まで順番に並べた時、ちょうど真ん中（中央）に位置する数値のことです。たとえば、下の囲みのように3人を身長順に並べたとします。

この場合、ちょうど真ん中になるのは泉さんなので、中央値は160です。このように、順番を基準に中心を把握するのが中央値です。

中央値の考え方はシンプルですが、データに含まれる要素の個数によって計算法が異なります。個数が奇数の場合、ちょうど真ん中は必ず存在します。たとえば、5人なら3番目、7人なら4番目がちょうど真ん中です。しかし、個数が偶数の場合、ちょうど真ん中は存在しません。

たとえば4人を身長順に並べると次の頁の囲みのようになります。[*1]

青葉さん＝**150**cm、泉さん＝**160**cm、太白さん＝**170**cm

2番目の泉さんと、3番目の太白さんのどちらも「ちょうど真ん中」とは言い難いですね。この場合、中央値は真ん中に最も近い2つの数値の平均を中央値とします。この場合は、165が中央値です（（160＋170）÷2＝165）。

出現回数が基準の最頻値

最頻値の「頻」は「頻度（ひんど）」のことです。統計学では、データの中で同じ数値が出現する回数のことを頻度と呼びます。つまり**最頻値とは「データの中で出現する回数が最も多い値」（＝最も頻度が高い値）のこと**です。

たとえば、次のような5人分の身長のデータがあるとします。

150、160、170、150、140

青葉さん＝**150**cm、泉さん＝**160**cm、
太白さん＝**170**cm、宮城野さん＝**180**cm

この場合、150が2人、それ以外の身長は1人なので、150の頻度は2、それ以外の数値の頻度は1です。したがって150が最頻値になります。

このように最頻値の考え方はシンプルですが、1つ注意が必要です。データの内容によって、最頻値が複数存在する場合、あるいは最頻値が存在しない場合があります。これは平均値と中央値には見られない特徴です。たとえば次のデータの場合、最も多く出現する数値が2つあるので（140が2回、150が2回出現）、最頻値は140と150の2つになります。

140、140、150、150、160

次のデータの場合、同じ数値の人がいないので、最頻値は存在しません。

140、150、160、170、180

平均値は「重心」

ここで話を平均値に戻しましょう。中央値は「真ん中の数値」、最頻値は「いちばん多い数値」を意味します。では、平均値は何を意味するのでしょうか。結論から言うと、**平均値はデータの「重心」を意味します**。

この意味は少しわかりにくいので、中央値の説明で使用した4人の身長のデータをもとに説明しましょう。

青葉さんたち4人の身長の平均値は165です（(150＋160＋170＋180)÷4＝165）。ここで、「各人の身長と平均値の差」を計算すると、次のようになります。

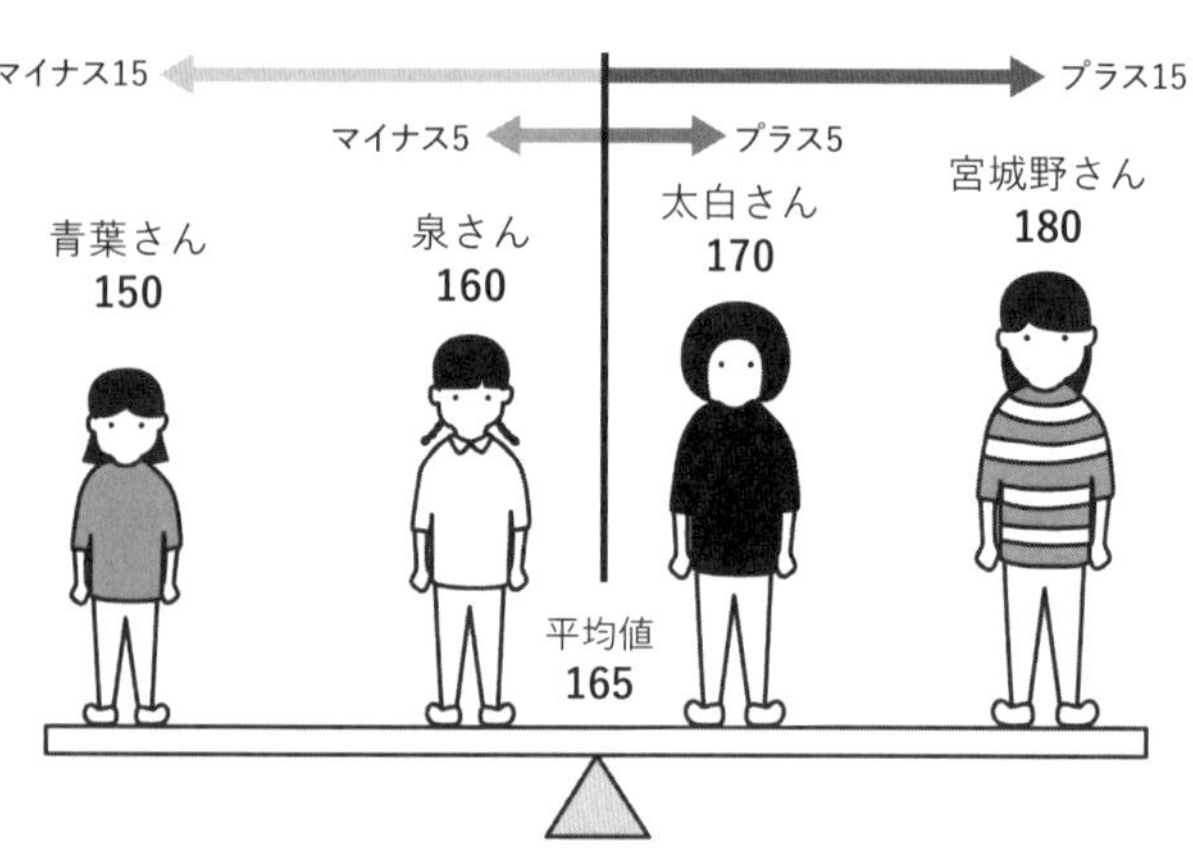

合計するとゼロになる

表1 3つの代表値の特徴

代表値	計算法	意味	極端な値（外れ値）の影響	計算結果*
平均値	全ての数値を足して個数で割る	全て平等にした状態。データの重心	受けやすい	常に存在する
中央値	データを値の大きさに基づいて要素を並べて、真ん中の値を探す	数値の大きさ順に並べた時の真ん中	受けにくい	常に存在する
最頻値	データの中で最も多く出現する値を探す	データの中で最も多く出現する値	受けにくい	複数存在する場合がある。存在しない場合がある

*データに含まれる要素の数（ケースの数）が2以上の場合

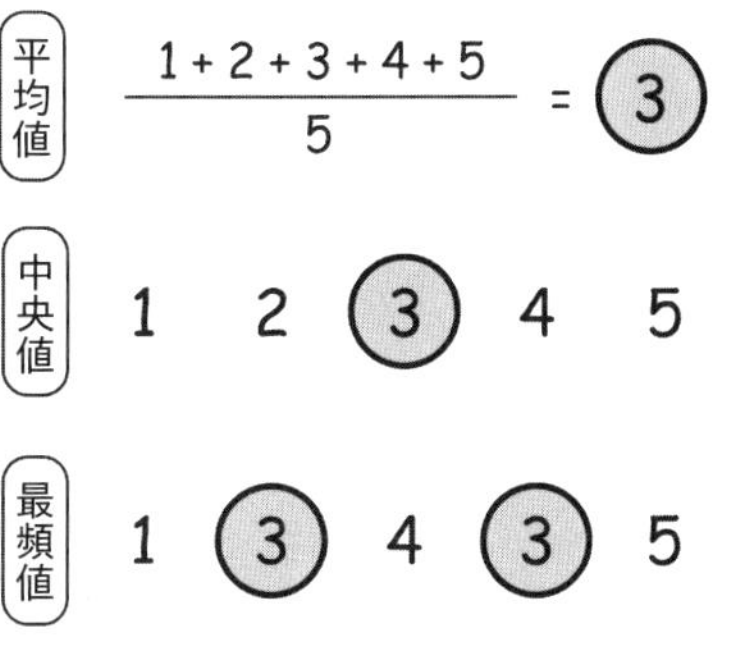

青葉さん＝マイナス15（＝150－165）泉さん＝マイナス5（＝160－165）
太白さん＝プラス5（＝170－165）宮城野さん＝プラス15（＝180－165）

平均値より小さい青葉さんと泉さんの「平均値との差」の合計はマイナス20、平均値より大きい太白さんと宮城野さんの「平均値との差」の合計はプラス20となり、平均値をはさんでマイナスとプラスの数値が釣り合っています。[*2] この意味で、平均値はデータの重心なのです。ちょっと難しいかもしれませんが、実はこれが平均値の重要な性質です。

前頁の**表1**は3つの代表値の特徴をまとめたものです。代表値には一長一短があり、「これ1つで大丈夫」という万能の代表値は存在しません。これらの性質をよく理解した上で、適切なものを使い分けることが必要です。

注釈

＊1 ちなみに、これらの姓（?）は仙台市の行政区名です。若林さん（若林区）もいるのですが、残念ながら出番がありませんでした。若林区のみなさんごめんなさい。

＊2 このように平均値を境にして正負が釣り合う性質は、今回使ったデータだけでなく、あらゆるデータで成立します。このことは比較的簡単に証明できるので、数学に自信のある方は挑戦してみましょう。

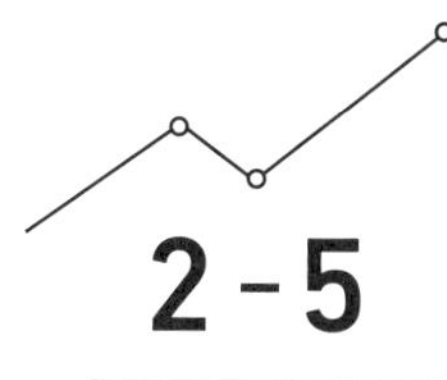

2-5

難易度 ★★☆

平均値だけで大丈夫？（2）「ちらばり」の重要性を知ろう

≫「ちらばり」をあらわす「標準偏差」は頼れる裏方

「中心」だけではわからない

前節で説明したように、平均値・中央値・最頻値は、データの「中心」に注目した数値です。では、データの特徴を知るには「中心」を把握するだけで良いのでしょうか。残念ながらそうではありません。中心を知ることも大事ですが、**データの「ちらばり」を把握することも重要**です。ここでは第2章第3節に引き続き、5人の社員が獲得した契約件数を例に考えましょう。

第2章第3節の**表1**（70頁）には、**A**獲得件数が全員同じ場合、**B**一人勝ちの場合、の2つのデータが掲載されていました。これに**C**獲得件数が全員異なる場合、を追加したのが次の**表1**です。それぞれの社員の獲得件数は3つの場合で異なりますが、平均値は同じです。つまり、平均値では表のようなデータの中身の違いを適切に表現できません。では、どうすればいいでしょうか。

統計学では、**データに含まれる個々の数値がどのくらい異なっているかを「ちらばり」と呼びます**。**表1**も、3つの場合で獲得件数のちらばりは異なっています。**A**は数値が全員同じなので、ちらばりは存在しません。**B**は1人だけ獲得件数が多く、残り4人はゼロなのでちらばりが存在します。**C**も全員の数値が異なるのでちらばりが存在します。

では、ちらばりが大きいのは**B**と**C**のどちらでしょうか。ちらばりの大小を知りたいのなら、ちらばりの程度を表現する数値が必要です。

データのちらばりを把握する方法はいくつかあるのですが、[*1] ここでは「標準偏差」を紹介します。標準偏差は、82頁の囲みの式で計算します。[*2]

標準偏差は「ちらばりの平均値」をあらわします。もう少し詳しく説明すると、この

表1 過去1か月の契約獲得件数(架空例)

お名前	A 全員同じ場合	B 一人勝ちの場合	C 全員異なる場合
はるき	4	20	6
ひろき	4	0	5
ふゆき	4	0	4
へいき	4	0	3
ほうき	4	0	2
合計	**20**	**20**	**20**
平均	**4**	**4**	**4**

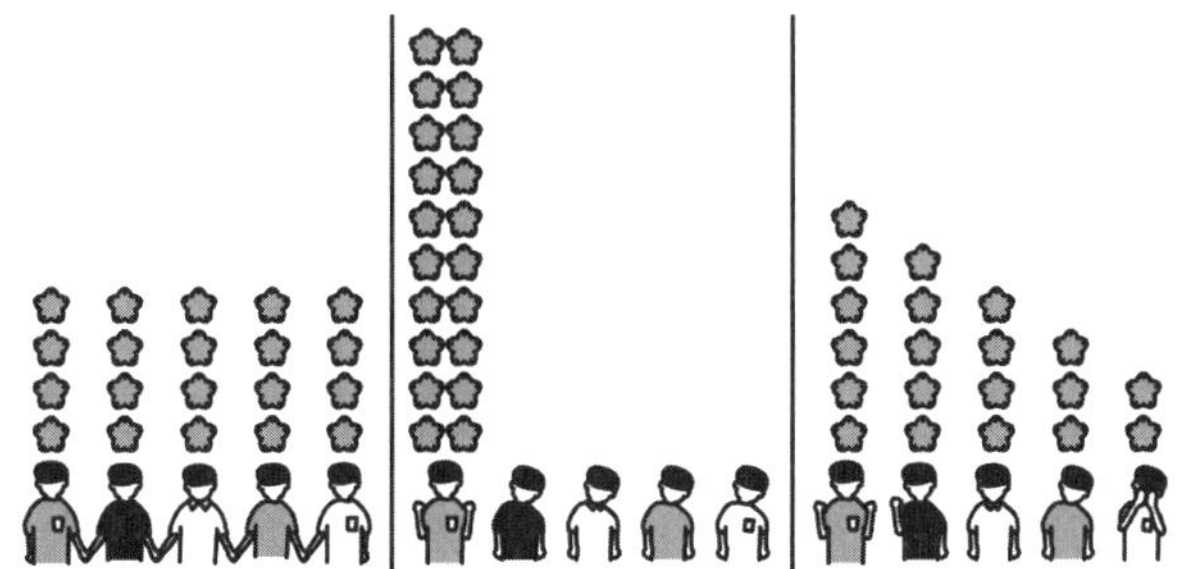

式は「データの個々の数値が、平均値から平均的にどれくらい離れているか」を計算しています。[*3] 標準偏差の値が大きいほど、ちらばりが大きいことを意味します。**表1**のデータの標準偏差を計算すると、**A**は0、**B**は8・0、**C**は1・4です。つまりデータのちらばりは、**A**が最も小さく（全員の獲得件数が平均値と同じなので当然ですね）、**B**が最も大きく、**C**がその中間ということになります。このことは**表1**からも推測できますが、標準偏差を使えば具体的な数値で把握できるところがポイントです。

とっても大事な標準偏差

標準偏差を目にする機会は、平均値やパーセントに比べ少ないかもしれませんが、実はとても重要な数値です。たとえば、次のような場面で標準偏差が利用されています。

$$\textbf{標準偏差} = \sqrt{\frac{\Sigma(\text{個々のデータの数値} - \text{平均値})^2}{\text{データの個数}}}$$

(1)偏差値

受験でおなじみ偏差値の計算には、標準偏差が使われます。具体的な計算法は下の囲みの通りです。式の説明は省略しますが、みなさんの多くがお世話になったであろう偏差値は、標準偏差なしでは成立しないのです。

(2)品質管理

標準偏差は工業製品の品質管理に利用されます。製品の寸法や重さなど、品質に関わる数値の標準偏差が大きい場合、それは製品が均一でないことを意味するので、製造過程に何らかの問題があると判断します。ということで、標準偏差は製造業を支える数値なのです。

(3)金融

標準偏差は、金融商品のリスクを示す指標として利用されます。金融商品(たとえば株)の価格の標準偏差が大きいほど、その商品

$$\textbf{偏差値} = \frac{\text{個人の点} - \text{平均点}}{\text{標準偏差}} \times 10 + 50$$

はリスクが高い（ボラティリティが大きい）と判断します。ということで、標準偏差はお金儲けにも利用できるのです。

（4）本格的な統計学

より本格的な統計学では、標準偏差が計算の部品として非常によく使われます。**標準偏差なしでは統計学は成立しない**といっても過言ではありません。ということで、標準偏差は統計学に必須の数値なのです。

このように、標準偏差は目立たないけどとっても大事な数値です。データ分析の頼れる裏方とでも言えましょうか。

注釈

＊1 他の方法として、「範囲」「四分位範囲」「平均偏差」「分散」などがあります。このうち分散は標準偏差とほぼ同じものです。また、散らばりを表現するグラフとして「箱ひげ図」がよく使われます。

＊2 統計学に詳しい方向けに補足しておくと、ここでは説明のわかりやすさを優先して、不偏分散ではなく標本分散を用います。

＊3 標準偏差の意味を解説した入門書は数多く出版されていますので、実際に手に取って読みやすいものをお選びください。【広告】『一歩前からはじめる「統計」の読み方・考え方（第2版）』（神林博史著、ミネルヴァ書房、2019年）の解説がわかりやすいみたいですよ。

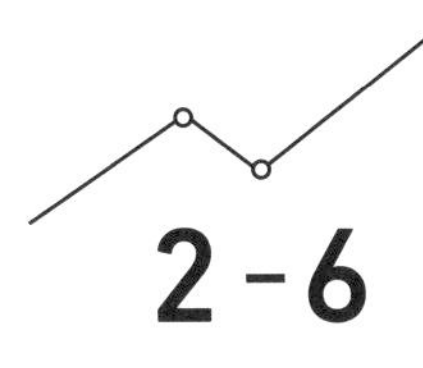

2-6

難易度 ★★☆

ドメイン知識の重要性

統計数値の意味を正しく理解するには、その背景についての知識が必要

ある分野の統計数値の意味を正しく理解するためには、その分野についての専門的な知識が必要になる場合があります。このような知識のことを「ドメイン知識」と呼びます。ドメイン（domain）とは「領域」「分野」といった意味です。

統計によっては、**ドメイン知識なしでは数値の意味を適切に理解することができません**。ここでは、いじめの認知件数を例に、ドメイン知識の重要性を説明しましょう。

「認知件数」とその考え方

文部科学省は学校におけるいじめを、「認知件数」によって把握しています。認知件数とは、学校の教職員が把握したいじめの件数のことです。かつては「発生件数」という言葉が使われていましたが、子どもたちの間で発生したいじめを完全に把握することは非常に困難です。そこで、教職員が「『いじめがあった』と把握（認知）した件数」という意味で「認知件数」が使われるようになりました。

図1は、2013年度以降のいじめの認知件数をまとめたものです。2015年度以降、認知件数が増加していることがわかります。[*1] 2020年度は前年度から件数が減少しましたが、これは新型コロナウイルスの影響で登校日数が少なくなったことの影響と考えられています。

88頁の**図2**は、2020年度の生徒1000人あたりのいじめの認知件数を都道府県別に比較したものです。認知件数の多い県の上位3位は山形県（114・0）、宮崎県（88・3）、大分県（80・9）、です。他方、少ない県の上位3位は富山県（11・6）、愛媛県（11・6）、福井県（12・3）となっており、都道府県によって認知件数に

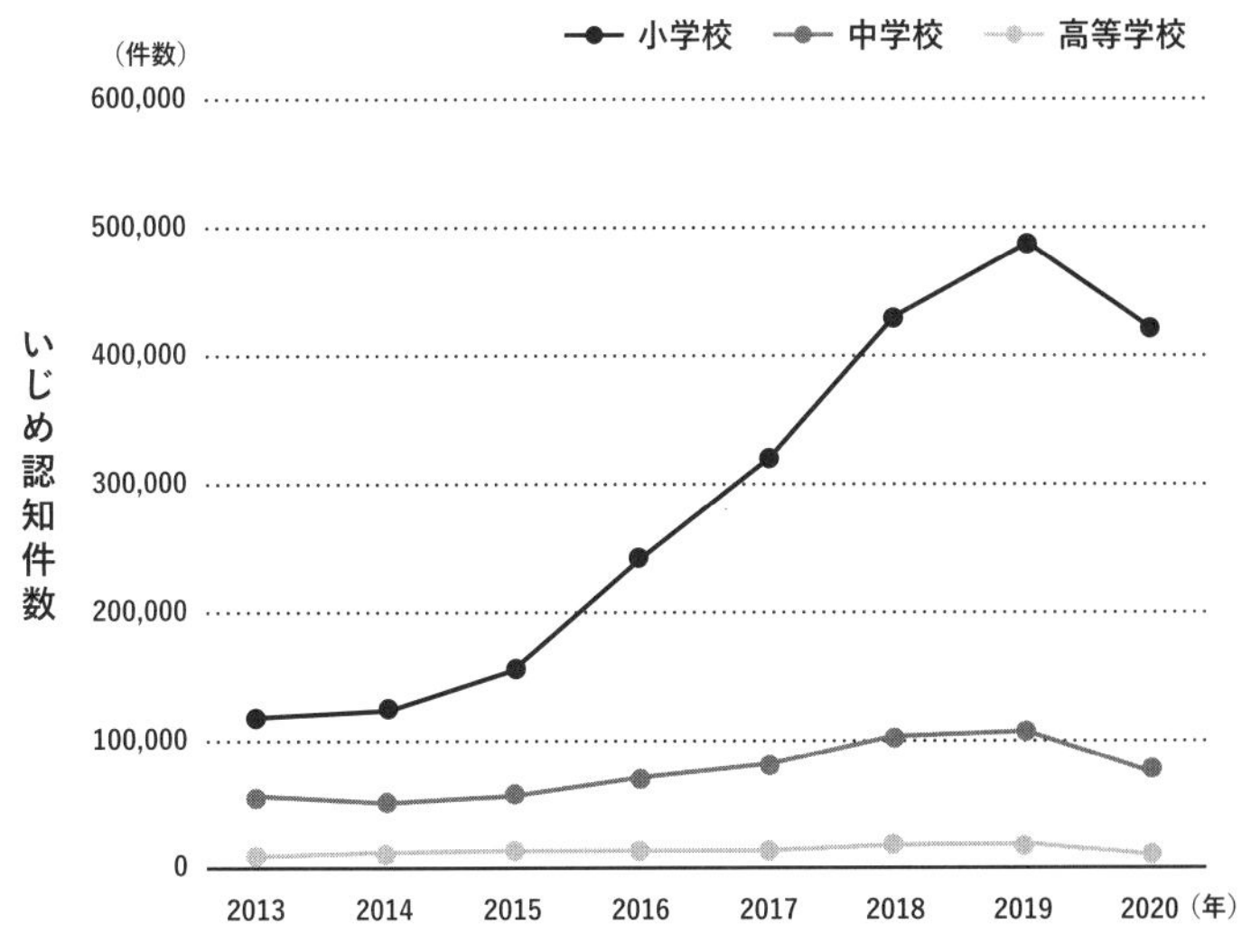

出典：文部科学省「児童生徒の問題行動・
不登校等生徒指導上の諸問題に関する調査結果について」

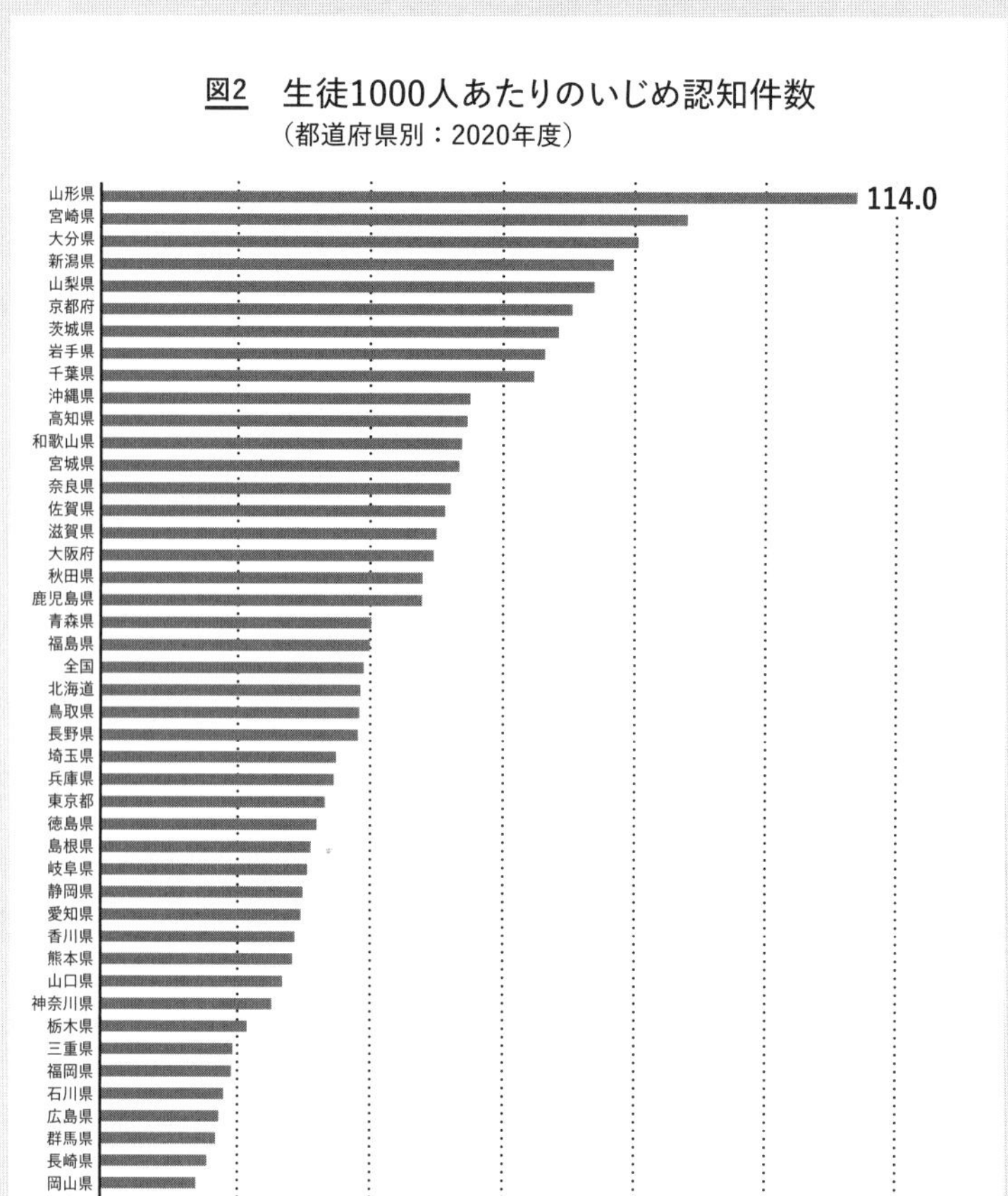

図2　生徒1000人あたりのいじめ認知件数
（都道府県別：2020年度）

出典：文部科学省「児童生徒の問題行動・
不登校等生徒指導上の諸問題に関する調査結果について」

かなりの開きがあることがわかります。

これらの結果をどう理解すべきでしょうか。普通に考えれば、いじめは少ない方がいいので、認知件数が少ない方が良い状態だと考えたくなります。この考えに従えば、いじめの状況はここ数年で悪化しており（**図1**）、いじめ対策に関して最も優秀なのは富山県、最も問題があるのは山形県になります（**図2**）。

文部科学省の見解

ところが、話はそう簡単ではありません。実は、いじめの認知件数は少ないほど良いとは限らないのです。文部科学省は、いじめの認知件数に関して「多くても問題ない」「少なすぎるのはむしろ危険」という見解を公表しています❷。

文部科学省では、いじめの認知件数が多い学校について、教職員の目が行き届いていることのあかしであると考えています。正確に認知し、しっかりと対応していくことが大切だと考えています。（中略）反対に、いじめの認知がなかったり、いじめの認知

件数が極めて少なかったりする学校は、いじめを見逃していないか心配しています。

出典：文部科学省（2016）「いじめの認知について～先生方一人一人がもう一度確認してください～」

いかがでしょうか。これを知っているのといないのとでは、「いじめの認知件数」の理解が180度違ってくるはずです。[*2]

「いじめは少ない方がいい」と考える人が多ければ多いほど、教育現場にはいじめの認知件数を減らすよう圧力がかかります。現場の教職員にも「もっと少なくしたい」といった焦りや、「いじめ対策をこれだけしているのだから件数が減らないとおかしい」という思い込みが生じるかもしれません。

認知件数を減らすための不正が…

そうした現場で、いじめの認知件数が減らないとどうなるでしょうか。いじめを見逃したり、隠蔽することによって認知件数を少なく報告する不正行為が発生する危険性が高まります。あるいは、実際にそのような不正がおこなわれた学校があるかもしれません。

こうしたことをふまえて**図1**と**図2**を見直すと、いじめの状況は良くなっているのか悪くなっているのか、いじめ対策が成功しているのはどの県なのか、読み解くのは簡単ではないことがわかります。

いじめの認知件数のような単純な数値であっても、その数値の意味を正しく理解するためには、その背景となる知識が必要です。たとえば、いじめ認知件数が多くなる（少なくなる）ことの背景には何があるか、文部科学省は認知件数をどのように捉えているのか、といった事情がそれにあたります。以上がドメイン知識の一例です。[*3]

このように、統計数値をきちんと理解するためには、ドメイン知識が必要となることが珍しくありません。むしろ、**ドメイン知識なしで正しく理解できる統計の方が少ない**でしょう。

あらゆる専門分野のドメイン知識を習得することは容易ではありませんし、おそらく不可能です。このため「自分はドメイン知識を欠いているから、統計数値の意味を誤って理解しているかもしれない」と常に意識することが、統計数値を読む時の心がまえとして大切です。

注釈

＊1 図1では２０１２年以前のいじめ認知件数の変化は示していませんが、過去に何度か「ゆるやかに減少した後に急増」という変化が見られました。これは、いじめを苦にした生徒の自殺が社会問題化し、それを受けて学校がいじめ調査を厳格におこなった結果、今まで見過ごされていたいじめが確認されて認知件数が増えたことによるものと考えられています（文献❶）。このように、ある種の統計数値は統計を作る側の都合（いじめ認知件数の場合は教師・学校側の都合）に左右される場合があります。この問題は、犯罪関係の統計でもしばしば指摘されています。

＊2 ただし、単純に「いじめ認知件数は多ければ多いほど良い」「認知件数が少ないのはダメ」とも言い切れません。なぜなら、「いじめを積極的に発見した結果ではなく、単にいじめが制御不能なほど広がった結果、認知件数が増加した」ということがありうるからです。同様に、いじめ認知件数が少ない場合も、いじめを見逃したり隠蔽したりしたからではなく、何らかの原因で実際にいじめの発生件数が少なかったからかもしれません。したがって認知件数のみでいじめ対策の成否を判断するのは難しいと考えるべきでしょう。いじめの認知件数が「少なすぎるのは危険な兆候である可能性がある」くらいが最大公約数的な理解でしょうか。

＊3 文部科学省はこのような方針を示していますが、これが教育現場に浸透しているかは疑問です。実際、２０１６年以降に社会問題化したいじめ問題の中には、教育委員会や学校・教員がこのことをきちんと理解していたのかどうか疑わしい事例が存在します。

文献

❶ 加藤芳正．２０１１．『なぜ、人は平気で「いじめ」をするのか？：透明な暴力と向き合うために』日本図書センター

❷ 文部科学省．２０１６．「いじめの正確な認知に向けた教職員間での共通理解の形成及び新年度に向けた取組について（通知）」https://www.mext.go.jp/a_menu/shotou/seitoshidou/1400170.htm

第 3 章

ちょっと難しいけど大切な「データの質」と「関係」の話

物事の複雑な関係を分析する時、統計はその威力を特に発揮します。しかし、統計なら何でも役に立つわけではありません。統計の質はデータの質に左右されます。第 3 章では、データの質を判断するための基礎知識と、複雑なデータ分析の基礎となる「関係」の考え方の基本を解説します（この章は少し難しいので、難しく感じたら第 4 章にスキップしてもかまいません）。

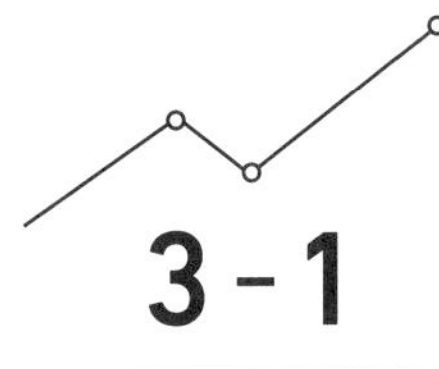

3-1

難易度 ★☆☆

ゴミを入れればゴミが出てくる

質の低いデータからは、質の低い統計しか得られない

おいしい料理は良い材料から

第1章で説明したように、統計は料理のようなものです。おいしい料理を作るためには、料理の腕もさることながら、良い材料を使うことが大切です。料理人の腕が良ければ、質の良くない材料からおいしい料理を作れるかもしれませんが、それにも限界があるでしょう。材料の質が良いに越したことはありません。

統計も同様です。**統計の質は、データの質に左右されます。**

質の高いデータからは質の高い統計（情報）が得られますが、質の低いデータからは質の低い統計しか得られません。データ分析の世界では、これを「ゴミを入れればゴミが出てくる（garbage in, garbage out）」と呼んでいます。データがゴミなら、その結果もゴミというわけです。

統計学はある意味で中立的な方法なので、データが計算可能なものでありさえすれば、データの質の良し悪しに関係なく、計算結果すなわち統計を得ることができます。しかし、そうして得られた統計の全てが正確で信頼できる保証はありません。どんな材料でも熱湯に入れればゆでることはできますが、ゆでたもの全てが美味しく食べられるとは限らないのと同じです。

データも質を左右する偏り

では、質の高いデータと、そうでないデータの違いは何でしょうか。データの質を左右する要因はいろいろあるのですが、最も重要なのは「偏り」（バイアス）です。一般論としては、**偏りが大きいほどデータの質は低下します**。理想的なのは、偏りがないデータです。

データの偏りの意味を理解するためには、まずは「母集団」と「標本」という概念を理解する必要があります。

母集団とは、調査や実験の対象全体のことです。これに対し、**標本とは母集団から選ばれた一部の対象を指します**。たとえば、日本国内に在住する有権者は2021年9月1日現在で1億551万14人です。[*1] 日本の有権者を対象に世論調査をおこなう場合、これが母集団となります。しかし、世論調査は有権者全員ではなく、有権者の中から選ばれた2000人前後を調査するのが普通です。この調査対象に選ばれた人たちが標本です。

「母集団のことを調べたいなら、標本ではなく母集団を調べればいいのに」と思った方もおられるかもしれません。その意見はもっともですが、母集団を調査するのは現実には困難な場合があります。[*2] その理由の1つが、コストです。

たとえば、国勢調査は日本の全世帯を対象に実施されますが、そのコストはご存知でしょうか。令和2年（2020年）国勢調査の場合、728億円の予算と61万人の調査員を動員して実施されました。[*3] 日本の全有権者を対象に調査をおこなおうとすれば、これと同等以上の予算と人員が必要になるでしょう。マスメディアは月例で世論調査をおこなっていますが、予算700億円の調査を毎月おこなうことは極めて困難ですし、調査される側としても世論調査に毎月回答するのは面倒です。このため、世論調査では母集団ではなく標本を調査するのが普通です。

スープの味見と偏り

ここで、大きな鍋で作ったスープをスプーンでひとさじすくって味見する場合を考えてみましょう。スープの味見をしようと思ったら、スープをよくかき混ぜてから味見することが大切です。よくかき混ぜられたスープ

よく混ぜれば、どこをすくっても同じ味

は、鍋のどこからとっても同じ味になるからです。

スープをよくかき混ぜないと、味の濃い部分が鍋の底にたまり、鍋の上の部分は味が薄くなりがちです。このため、鍋のどこをすくうかで味が変わってしまいます。このように味に濃淡があるのが、偏りの存在する状態です。この状態では、味見をしてもスープの味を正しく知ることができません。

この例の場合、鍋の中のスープ全体が母集団、味見のためにスプーンですくった分が標本になります。よくかき混ぜられ、どこをとっても同じ味になったスープは、母集団から標本が偏りなく得られた状態です。スープをよくかき混ぜないと、すくった部分によっ

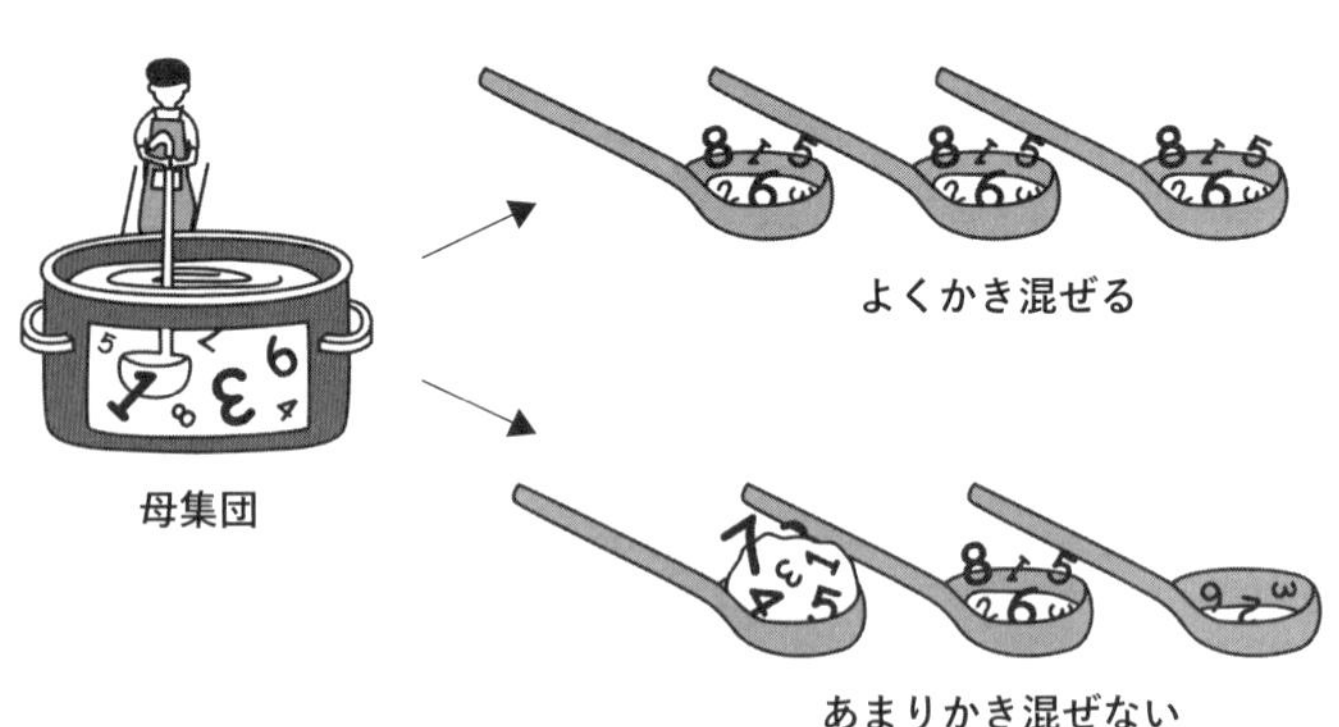

質の良いデータを得るには、偏りのない標本が大事

て味が異なります。これが母集団から偏った標本が得られた状態です。**偏りのない標本のデータは質の良いデータ、偏りのある標本のデータは質の低いデータになります**。では偏りのない標本を得るためには、どうすればいいでしょうか。これについては次節で説明します。

注釈

＊1 総務省「令和3年9月1日現在選挙人名簿及び在外選挙人名簿登録者数」https://www.soumu.go.jp/senkyo/senkyo_s/data/meibo/meibo_R03.html

＊2 もう1つ、母集団を調査することが不可能または意味がない場合があります。スープの味見の場合、スープを全部飲み干せば母集団を味見したことになりますが、もはやスープは残っていないので味見の意味がありません。同じことが、ある種の工業製品にもにあてはまります。たとえば、缶詰の品質検査を厳密におこないたければ、工場で作った全ての缶詰を開けて中身をチェックする必要があります。しかし、それでは売る缶詰がなくなってしまいます。このため、缶詰のように製品の破壊が必要な工業製品は、製品の一部すなわち標本を抜き出して検査します。

＊3 予算額の出典は総務省（2020）「令和2年度総務省所管予算の概要」https://www.soumu.go.jp/main_content/000660600.pdf、調査員数の出典は総務省統計局国勢統計課（2021）「令和2年国勢調査実施状況（実査編）」https://www.stat.go.jp/info/kenkyu/kokusei/yusiki32/pdf/08sy0100.pdf

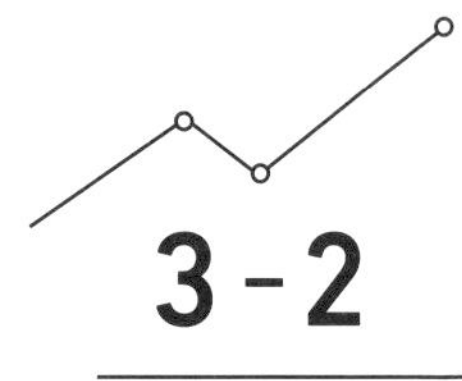

3-2

難易度 ★★☆

偏りのないデータを得る方法

「無作為（ランダム）に選ぶ」とは、「等しい確率で標本を選ぶ」こと

偏りのあるデータは役に立たない

前節で説明したように、データの質を左右する重要な要因の1つが「偏り」（バイアス）です。母集団から標本を選ぶ場合、偏りのない標本が得られれば問題ありませんが、得られた標本の偏りが大きかった場合、そのデータは「ゴミ」になってしまいます。[*1] 当然、結果も「ゴミ」です。

たとえば、ある選挙区に2人の候補者がいるとします。有権者全体（母集団）では

A候補を支持する人が60％、B候補を支持する人が40％です。ところが、選挙予測調査をおこなった際に、何らかの原因でB候補を支持する人を多く調査してしまうと（偏った標本を得てしまうと）、B候補の当選が予測される結果になります。

選挙予測では、こうした失敗がしばしば発生します。最も有名なのは、1936年アメリカ大統領選挙の予測でしょう。この話は非常に有名で、おそらく多くの方がご存知かもしれませんので、本書では説明は省略します。ご存じない方は「1936年アメリカ大統領選挙」でインターネットを検索すれば解説がいくらでも見つかりますので、そちらをご覧ください。[*2] トランプ大統領が当選した2016年アメリカ大統領選も記憶に新しいところです。この時も、事前の調査予測では対立候補のヒラリー氏が有利とされていました。

では、どうすれば母集団から偏りなく標本を選ぶことができるでしょうか。

「無作為に選ぶ」ということ

「無作為に（ランダムに）選ぶ」というのがその答えです。

標本を「無作為に選ぶ」とは、「等しい確率で標本を選ぶ」あるいは「標本が選ばれる確率を等しくする」という意味です。たとえば、10人の有権者の中から1人を調査対象として無作為に選ぶ場合を考えましょう。この場合、10本のうち1本が「あたり」のくじを全員に引いてもらえれば、等しい確率で対象者を選ぶことができます。なぜなら、あたりを引く確率は誰にとっても10分の1で等しいからです。実際の世論調査や選挙調査では対象者をくじ引きで選ぶわけではありませんが、原理的にくじ引きと同じ方法を用います。このように、**母集団から標本を無作為に選ぶことを「無作為抽出」と呼びます**。

母集団から標本を無作為に選ぶというのは、理屈としてはシンプルですが、実施するのはなかなか大変です。現在の日本の世論調査では、訪問調査や郵送調査の場合は「層化多段抽出法」、電話調査の場合は「ＲＤＤ」(Random Digit Dialing) と呼ばれる無作為抽出の方法が広く使われています。

無作為抽出ではない標本の選び方、たとえば「男は嫌いだから選ばない」とか「若いやつは生意気だから外す」といった個人の好みで標本を選ぶと、母集団から標本が選ばれる確率が等しくならず、女性だけに偏った標本や、中高年層に偏った標本ができあがってしまい、結果としてデータに偏りが生じます。

街頭インタビューで生じる様々な偏り

標本に偏りが生じやすい調査の典型は、テレビでおなじみの街頭インタビューです。たとえば、駅前でおこなった街頭インタビューの結果から「UFOを信じると回答した人は60％だったので、一般市民の6割はUFOを信じている」といった結論を導くことはできません。なぜなら、テレビの街頭インタビューに回答してくれるのは「インタビュー実施時に駅前にいた人で、テレビに映りたい（映ってもよい）と考えていた人」だからです。

この方法だと、仕事・学校・病気などで駅前にいなかった人は対象になりません。また、テレビに映るのは嫌だからインタビューを避ける人も対象にはなりません。このように、街頭インタビューでは、選ばれる人に様々な偏りが生じる可能性が高いので、回答者を一般市民（母集団）の偏りのない標本と考えることはできません。

さらに、街頭インタビューを用いた報道では、報道する側の好みによる偏りも無視できません。街頭インタビューで得られた様々な意見のうち、どれを取り上げるかは取材したメディアの判断にゆだねられます。この結果、メディアで取り上げられるのは特定の意見のみになり、それに合わない意見は無視されがちです。

たとえば、サッカーのワールドカップで日本代表が勝利したテレビニュースの中で街頭インタビューが使われる場合、「サッカーに興味ないからどうでもいいです」「馬鹿らしい。世界にはもっと重要な問題がたくさんあるだろ」といった意見は放送されないでしょう。このように街頭インタビューには、メディア側の情報の扱いに起因する偏りも生じやすいという問題点も存在します。

注釈

＊1 実際には、調査で全く偏りのない標本が得られることは稀です。しかし、偏りの程度が小さければ実用上は問題ありません。偏りが問題になるのは、偏りが大きい場合です。

＊2 【広告】本で読みたいという方は、『一歩前からはじめる「統計」の読み方・考え方（第2版）』（神林博史著、ミネルヴァ書房、2019年）がわかりやすいみたいですよ。

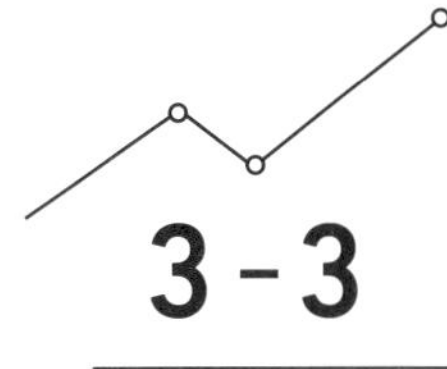

3-3

難易度 ★★★

統計数値には誤差がある

偶然の影響による数値のずれは、完全に取り除けない

誤差とは何か

前節では、無作為抽出をおこなって標本を選べば、偏りのない結果が得られると説明しましたが、1つ注意すべきことがあります。それは「誤差」の存在です。

標本から得られた数値と母集団における数値は、正確に一致するとは限りません。たとえば、無作為抽出した標本2000人を対象に世論調査をおこなった結果、内閣支持率が50%だったとしましょう。この時、母集団（有権者全体）の内閣支持率がぴったたり50％になるとは限りません。51％とか48・5％のように、標本から得られた数値と母集団の数値がずれる可能性があります。

ずれが生じる原因は、偶然です。標本を無作為に選ぶ時にたまたま内閣を支持しない人が多かった、あるいはたまたま少なかったという偶然によって、結果が左右される場合があります。無作為抽出をおこなえば偏りのない標本を得ることができますが、偶然の影響による数値のずれを完全に取り除くことはできません。このように、**母集団と標本の間で偶然に生じる数値のずれのことを「誤差」と呼びます**[*1]。

ここまでの説明を読んで、「母集団のことはわからないはずなのに、なぜ標本と母集団

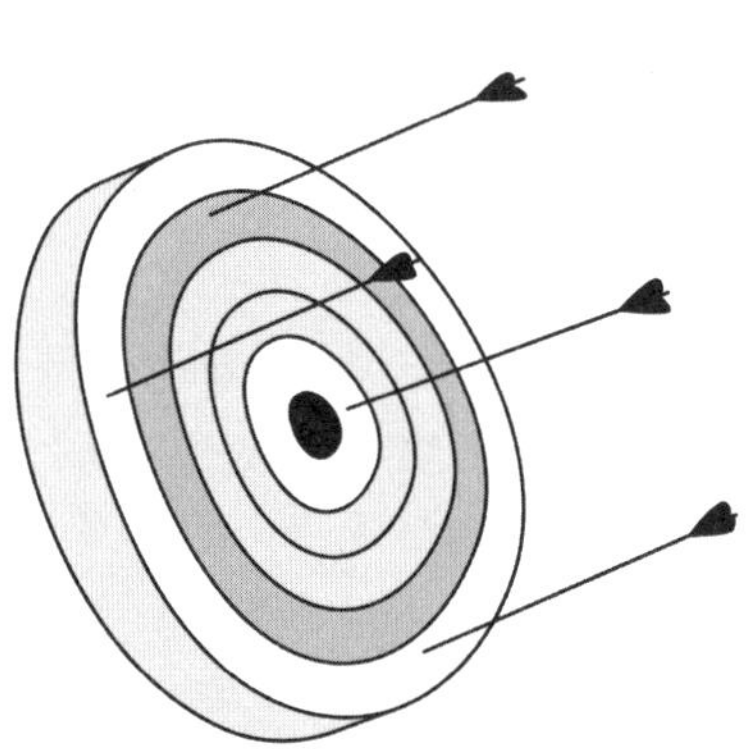

中心から外れた矢が誤差

の間で誤差が生じるとわかるの?」と思った方がおられるかもしれません。

ここでの誤差は、実際に母集団の数値と標本の数値を比較して把握するものではなく、理論的に予測されるものです。母集団と標本の間で生じる誤差は、「無作為抽出した標本の数値が50%であれば、このくらいの誤差が生じるはずだ」という数学的な予測に基づいて計算できます。その理論的根拠となるのが「中心極限定理」と呼ばれる定理ですが、これは難しいので解説は省略します。[*2]

標本と誤差の関係

世論調査で内閣支持率が50%だった場合、どの程度の誤差が生じるかをまとめたものが次頁の**表1**です。[*3]

標本の大きさ(調査対象者の人数)が100の場合、誤差は40・2%から59・8%、すなわちプラスマイナス9・8ポイントです。これはどういう意味かというと、母集団における内閣支持率は正確に50%ではなく、40・2%から59・8%の間のどこかにあることを意味します。[*4] そして、標本の大きさが大きくなるにしたがって、誤差が小さ

表1 標本の大きさと誤差の範囲

標本の大きさ （調査対象者の人数）	誤差の範囲	誤差の大きさ
100	40.2% ～ 59.8%	± 9.8
500	45.6% ～ 54.4%	± 4.4
1000	46.9% ～ 53.1%	± 3.1
2000	47.8% ～ 52.2%	± 2.2
5000	48.6% ～ 51.4%	± 1.4
10000	49.0% ～ 51.0%	± 1.0（± 0.98）

くなっていくことがわかります。

つまり、**標本の大きさが大きいほど、結果がより正確になる**のです。

とはいえ、標本の大きさと誤差の大きさの関係は単純ではありません。たとえば、標本の大きさが１０００の時の誤差はプラスマイナス３・１ポイントです。標本の大きさが2倍の２０００になった時の誤差はプラスマイナス２・２ポイントです。つまり、標本の大きさが2倍になっても、誤差の大きさは半分（2分の１）になりません。**標本の大きさと誤差の大きさの関係は2次関数的に変化します**。[*5] すなわち、誤差の大きさをN分の１にするためには、標本の大きさはN倍ではなく、N^2倍必要です。表を見ると、標本の大きさが１００の時の誤差はプラスマイナス９・８ポイントです。この誤差が10分の１になるのは、標本の大きさが10^2倍、つまり１００００の時です。このことから、誤差を小さくするのは意外に大変なことがわかります。

世論調査の標本の大きさ（対象者数）は、多くの場合１０００人から２０００人です。したがって、世論調査の結果に2〜3ポイント程度の誤差があると覚えておくとよいでしょう。

たとえば、内閣支持率が前月の49％から51％に増加した場合、誤差が2〜3ポイント生じることを考えれば、母集団（有権者全体）では支持率が変化していない可能性があります。これに対し、誤差の範囲を超えて支持率が変化した場合、たとえば49％から55％になった場合は、偶然の影響とは考えにくいので、母集団でも支持率が増加したと判断することができます。このことを知っておくと、ニュースで紹介される数字をより正しく理解できるでしょう。

注釈

＊1 専門的には、この誤差を「抽出誤差」と呼びます。データを作る時に生じる誤差は他にもいろいろあるのですが、それらについては説明を省略します。

＊2 「中心極限定理」とネットで検索すれば、解説が数多く見つかるはずです。わかりやすいものもあれば、かなり難しいものもありますので、興味のある方はいろいろ眺めてみてください。

＊3 表1に示した誤差は「95％信頼区間」と呼びます。信頼区間の説明は省略しますが、今の高校生は数学の授業で勉強しています。

＊4 厳密には「40・2％から59・8％の間のどこかにある」になります。この誤差は一種の予想で、実際には母集団の支持率は誤差範囲から外れている可能性もあります。

＊5 なぜそうなるかは中心極限定理の内容と関係するので、説明は省略します。

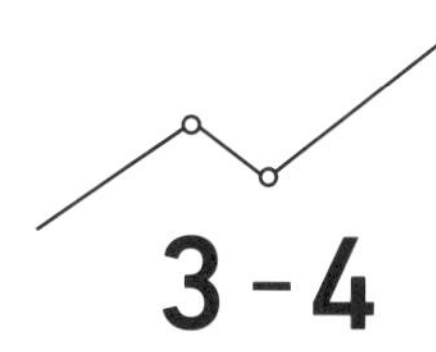

3-4

難易度 ★★★

関係の考え方（1）相関関係と因果関係

「関係」とは何かを理解しよう

「変数」と「関係」

統計学では、**分析の対象を「変数」（へんすう）と呼びます**。これは「変な数」ではなく、「いろいろな数値をとる対象」「数値が変化する対象」という意味です。[*1] たとえば身長は人によって異なり、いろいろな値をとります。したがって、身長は変数です。いままでに登場した、体重、収入、貯蓄額といった分析対象も、個人や世帯によって数値が異なるので、やはり変数です。[*2]

ここまでに解説した統計数値（%、平均値、中央値、最頻値、ちらばり）は、いずれも1つの変数の特徴を調べるための方法でした。たとえば「成人男性の平均身長は何cmか」「成人男性の身長の標準偏差はどのくらいか」といった分析は、身長という1つの変数を対象としたものです。一方で、データ分析では複数の変数の関係に注目する場合もあります。というより、その方が多いかもしれません。

ここで「関係」とは、**2つ以上の変数が一緒に（互いに伴って）変化すること**を意味します。たとえば、「歳をとると体力が落ちる」という現象の場合、「年齢」と「体力」という2つの変数が一緒に変化するので、年齢と体力の間に関係があると考えます。

図1は、男性の20メートルシャトルラン（往復持久走）の平均折り返し回数を、年齢層別に集計したものです。年齢が高くなるほど、平均折り返し回数が低下することがわかります。つまり、年齢と体力（この場合はシャトルランの平均折り返し回数）が一緒に変化しています。

これに対し、一方の変数が変化しても、もう一方が変化しない場合、2つの変数の間には「関係がない」とみなします。[*3] 114頁**図2**は年齢とシャトルランの平均回数の関係の架空例です。**図2**ではどの年齢層でも平均回数は同じです。つまり、年齢と平均折

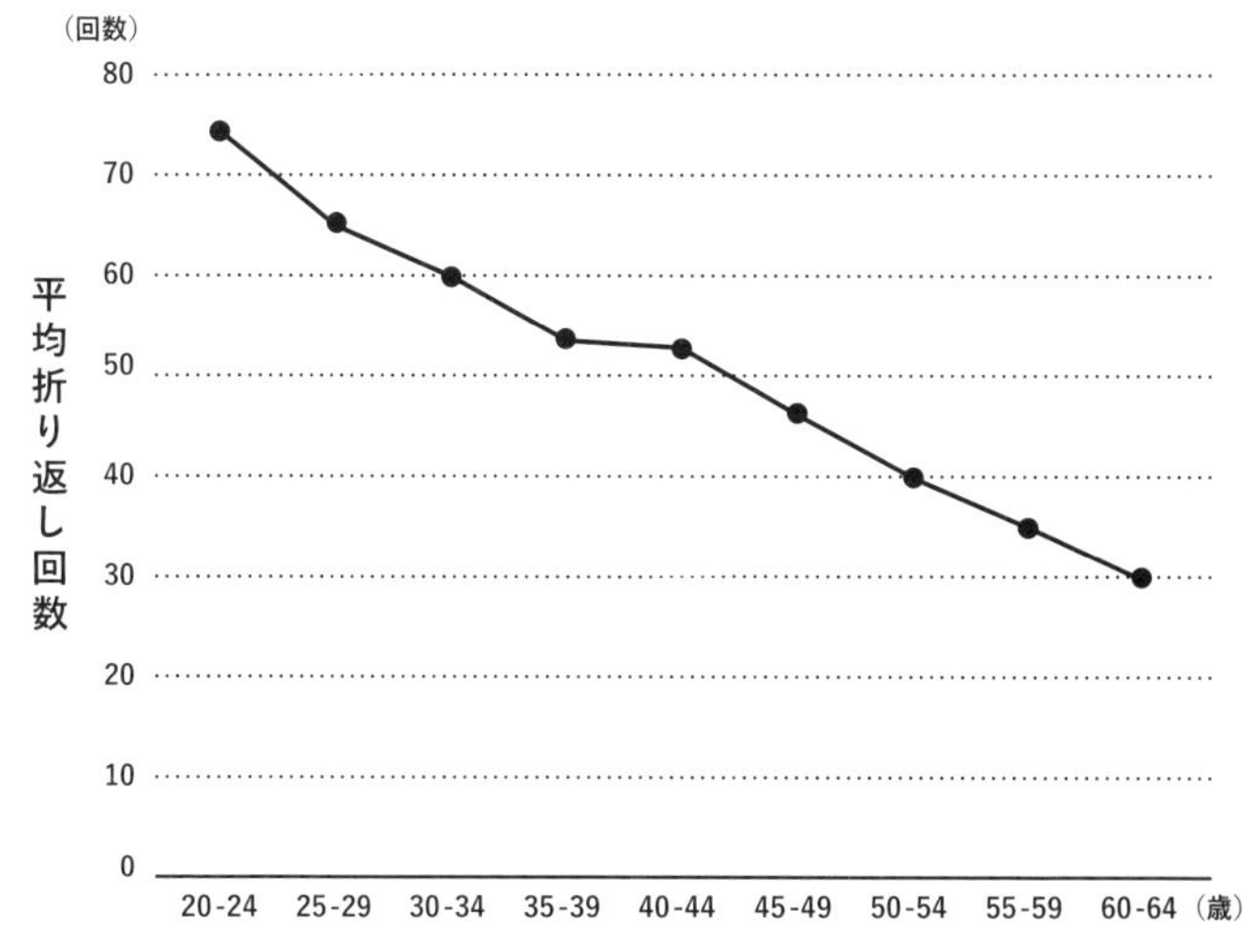
図1 20メートルシャトルランの平均折り返し回数(男性)
(回数)
80
70
60
50
40
30
20
10
0
平均折り返し回数
20-24
25-29
30-34
35-39
40-44
45-49
50-54
55-59
60-64
(歳)
出典:文部科学省「体力・運動能力調査」(令和3年度)

図2 20メートルシャトルランの平均折り返し回数
（架空例：年齢と平均折り返し回数に関係がない場合）

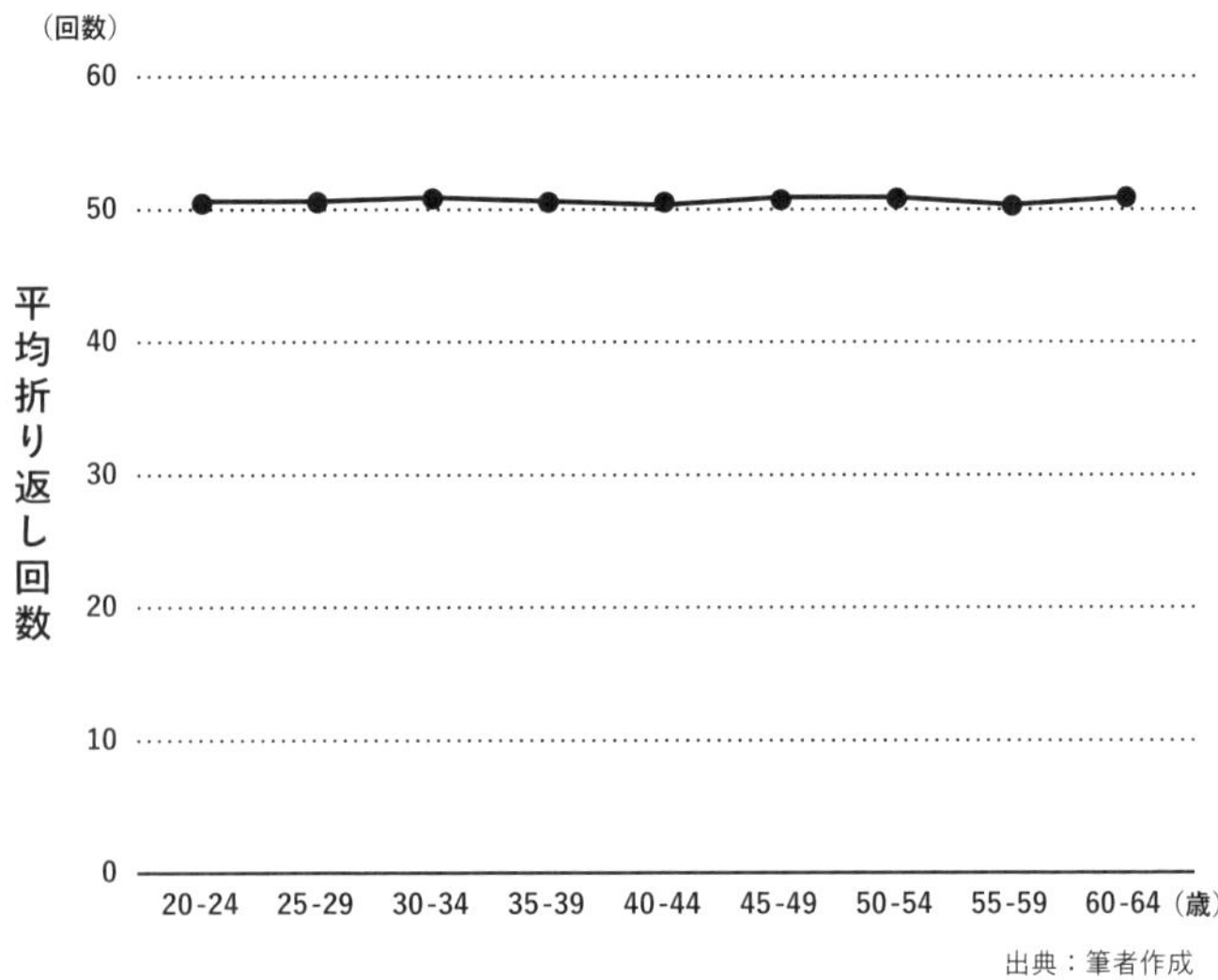

り返し回数は一緒に変化しないので、2つの変数の間に関係はないと考えます。

相関関係と因果関係

ここから少しややこしくなりますが、変数の関係は「相関関係」と「因果関係」に分類できます。**相関関係は、変数の間に関係が存在するかどうかに注目した場合**の関係の捉え方です。**因果関係はそこから一歩踏み込んで、どちらが原因でどちらが結果なのかに注目した関係**の捉え方です（次頁図3）。

相関関係は原因と結果の特定が難しい場合、あるいは原因と結果を区別する必要のない場合に使われます。たとえば、意識調査や世論調査では、「あなたは生活に満足していますか？」という質問に「満足」と回答する人ほど、「あなたは幸せですか？」という質問に「幸せ」であると回答する傾向があることが知られています。つまり、満足感と幸福感の間には相関関係があります。より厳密に考えれば、生活に満足していることが原因で「幸せ」と回答する、幸せであることが原因で生活に「満足」と回答する、の2通りの因果関係が考えられます。しかし、どちらも十分にありうる話なので、原因と

図3　相関関係と因果関係の違い

相関関係

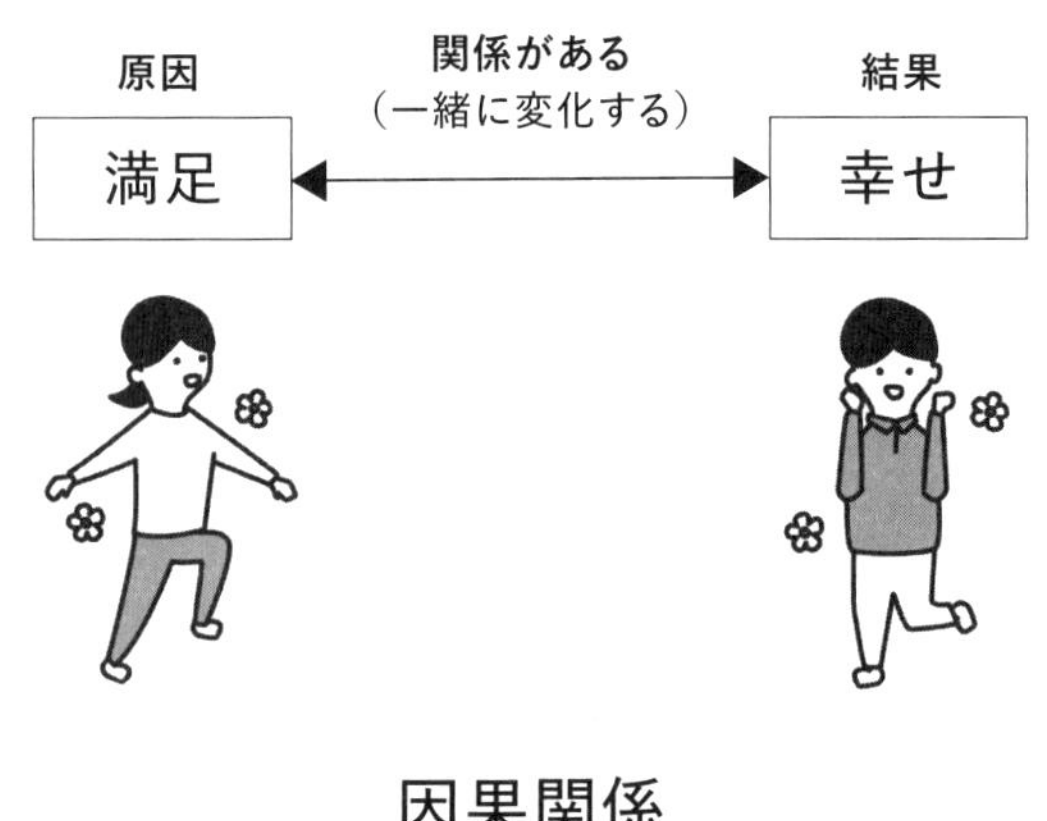

因果関係

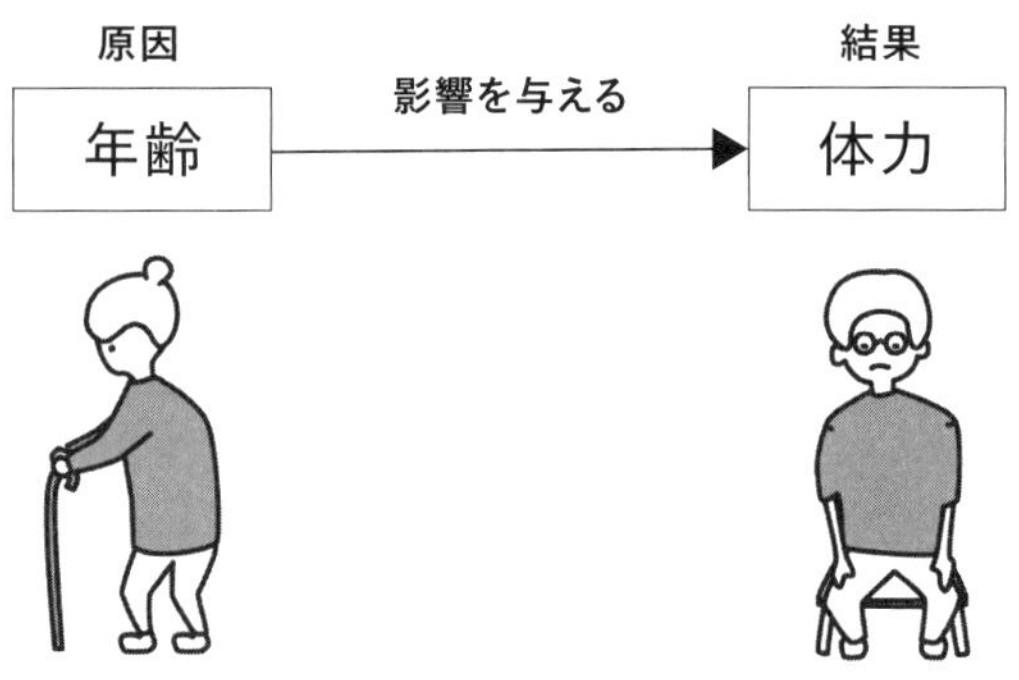

結果の関係の特定は困難です。このような場合、満足感と幸福感の関係は相関関係とみなしておくのが一般的です。

原因の特定が重要な理由

社会で生じる様々な問題の解決には、原因と結果の関係を正しく特定することが必要です。たとえば、脳卒中の原因の1つは塩分の取りすぎなので、脳卒中を予防したければ塩分の摂取を控える必要があります。

しかし、もし仮に脳卒中の原因の特定を誤って「脳卒中の原因は糖分」と判断し、塩分の取りすぎを放置すれば、いくら頑張っても脳卒中を予防することはできません。

原因と結果の特定は、重要だけれど難しい！

113頁の**図1**の「年齢が上がると平均折り返し回数が低下する」という関係の場合、因果関係の特定は簡単で、年齢が原因、平均回数が結果になります。原因は結果よりも時間的に先に変化して、結果に影響を与えます。年齢が高くなるにつれて運動をしなくなったり、身体の様々な機能が衰えたりすることから、体力の低下という結果が生じるわけです。この場合、逆の関係はあり得ないことに注意してください。つまり、体力が低下したからといって、その影響で年齢が上がるわけではありません。さらに、体力が向上すれば年齢が若くなるわけでもありません。[*4]

図1の例では因果関係の特定は簡単ですが、実際には因果関係の特定は非常に難しい場合があります。これについては次節で詳しく説明します。

注釈

＊1 変数の英語はvariableです。これは動詞vary（変化する）と、接尾語able（できる）を組み合わせたもので、直訳すれば「変化できるもの」となります。

＊2 これに対し、常に一定の値しかとらない数値を「定数」と呼びます。

＊3 「無関係という関係がある」「無関係も関係の一種だ」という考え方もありますが、統計学ではそうは考えません。

＊4 年齢が高くても体力のある人のことを「若い」と形容することもありますが、それはあくまで比喩で、実際の年齢が低下するわけではないことに注意してください。

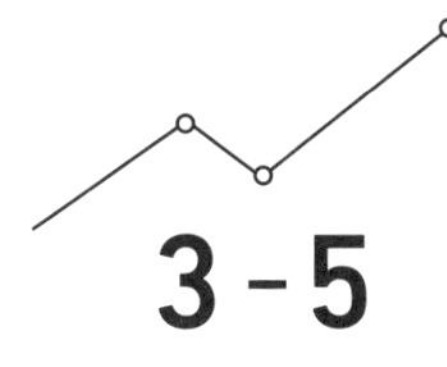

3-5

難易度★★★

関係の考え方（2）

原因に見えるけど原因じゃない

»「共通の原因」が作り出す相関関係に気をつけよう

因果関係の判断は難しい

前節で説明したように、問題解決のために因果関係を特定することは重要です。しかし、因果関係を正しく判断することは簡単なことではありません。

因果関係を判断するためのコツは、原因と結果を入れ替えた時に、因果関係が成り立つか考えてみることです。前節の例をもう一度検討しましょう。「年をとると体力が落ちる」の場合、年齢が体力に影響すると考えることは自然です。しかし、体力が年齢に影響するとは考えられません。したがって、年齢と体力の関係は、年齢が原因、体力が結果と考えることができます。

幸福感と満足感の関係はどうでしょうか。生活に満足していることが原因で「幸せ」と回答するという因果関係と、幸せであることが原因で生活に「満足」と回答するという因果関係は、どちらもありそうです。この場合は因果関係の特定は困難なので、相関関係と考えた方が無難です。[*1]

見せかけの相関関係

因果関係を考える際に注意しなければならないのは、**2つの変数の間に関係があっても、それが直接的な因果関係を意味するとは限らない**ことです。

図1は、2018年4月から2019年3月の風邪の患者数[*2]（医療機関で風邪と診断された人の数）と、同期間の2人以上の世帯のナスの平均購入金額をまとめたものです。[*3] 風邪の患者数が少ない月ほどナスの購入金額が多く、患者数が多い月ほどナスの購入金額が低くなっており、風邪の患者数とナスの購入金額に相関関係があることがわかります。[*4]

図1　風邪の患者数とナスの購入金額の関係

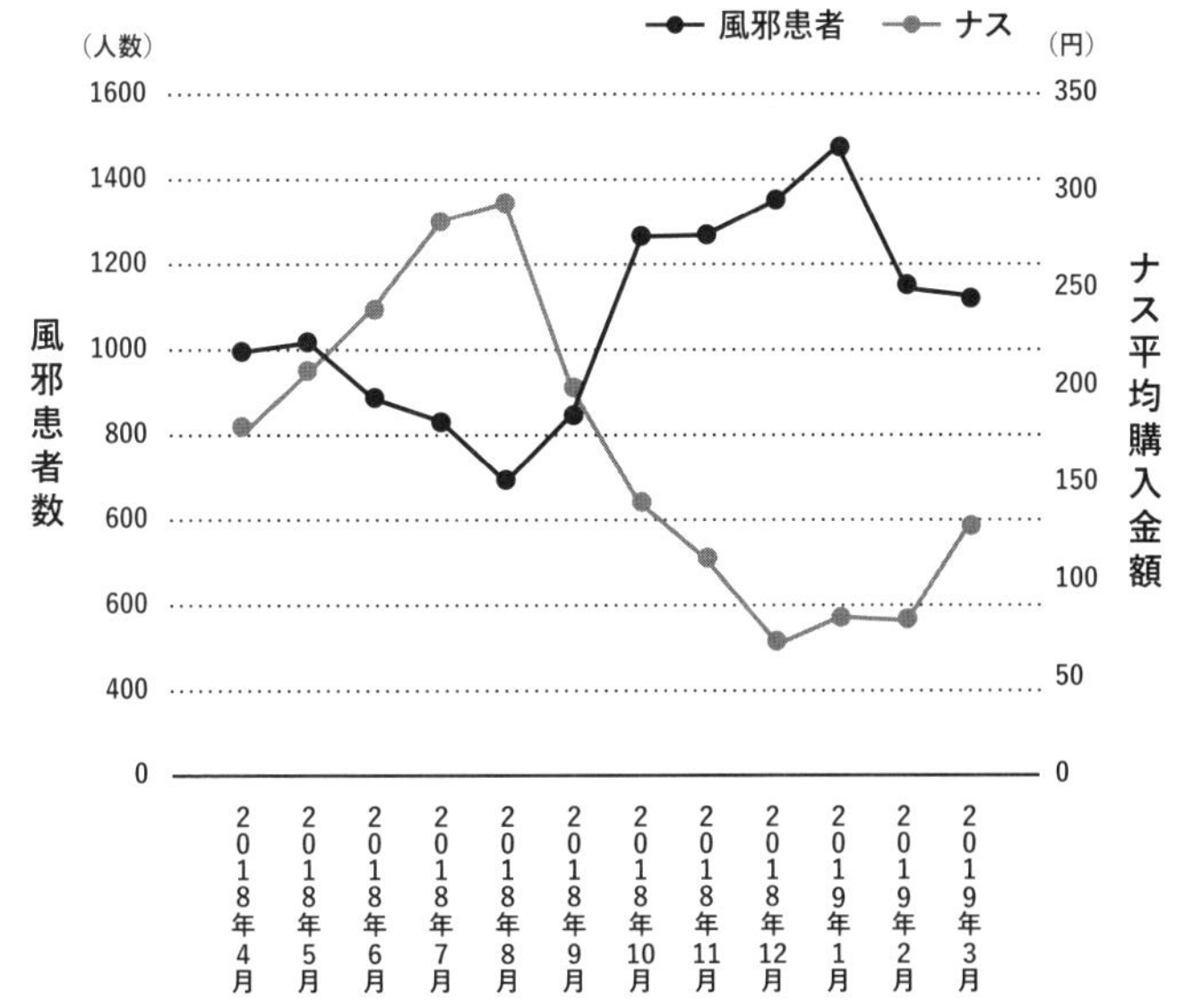

出典：健康保険組合連合会「平成30年度　風邪（感冒）、インフルエンザ等、季節性疾患（入院外）の動向に関するレポート」、総務省「家計調査」

さて、風邪の患者数とナスの購入金額の間に因果関係が存在するとすれば、次のどちらかになるはずです。（1）ナスが原因で風邪が結果になる。たとえば、ナスには風邪を防ぐ物質が含まれているので、ナスを食べると風邪の予防になる。（2）風邪が原因でナスが結果になる。たとえば、風邪をひいた人は、なぜか無性にナスを食べたくなる。ナスが大好きな方であれば、「これはナスを食べれば風邪が治る証拠だ！」と1番目の説明にとびつきたくなりますが、残念ながらそれは間違いでしょう。

すでにお気づきの方も多いと思いますが、**図1**の関係を作り出している原因は、気温です。寒いほど風邪をひきやすくなるので、気温が低い月ほど風邪の患者が増えます。一方、ナスは気温が高い時期が旬の野菜なので、気温が低い月ほどナスの出荷は減り、購入する機会も減ります。つまり、風邪の患者の数もナスの購入金額も、気温という共通の原因によって生じた結果です。

これを図示すると、**図2**のようになります。ナスの購入金額と風邪の患者数の間には直接的な関係はありませんが、気温という本当の原因が存在することで、両者の間に直接的な関係があるように見えてしまうのです。このように、**2つの変数が共通の原因の影響を受けており、そのせいで2つの変数の間に関係があるように見えることを「疑似**

図2 風邪の患者数とナスの購入金額の関係

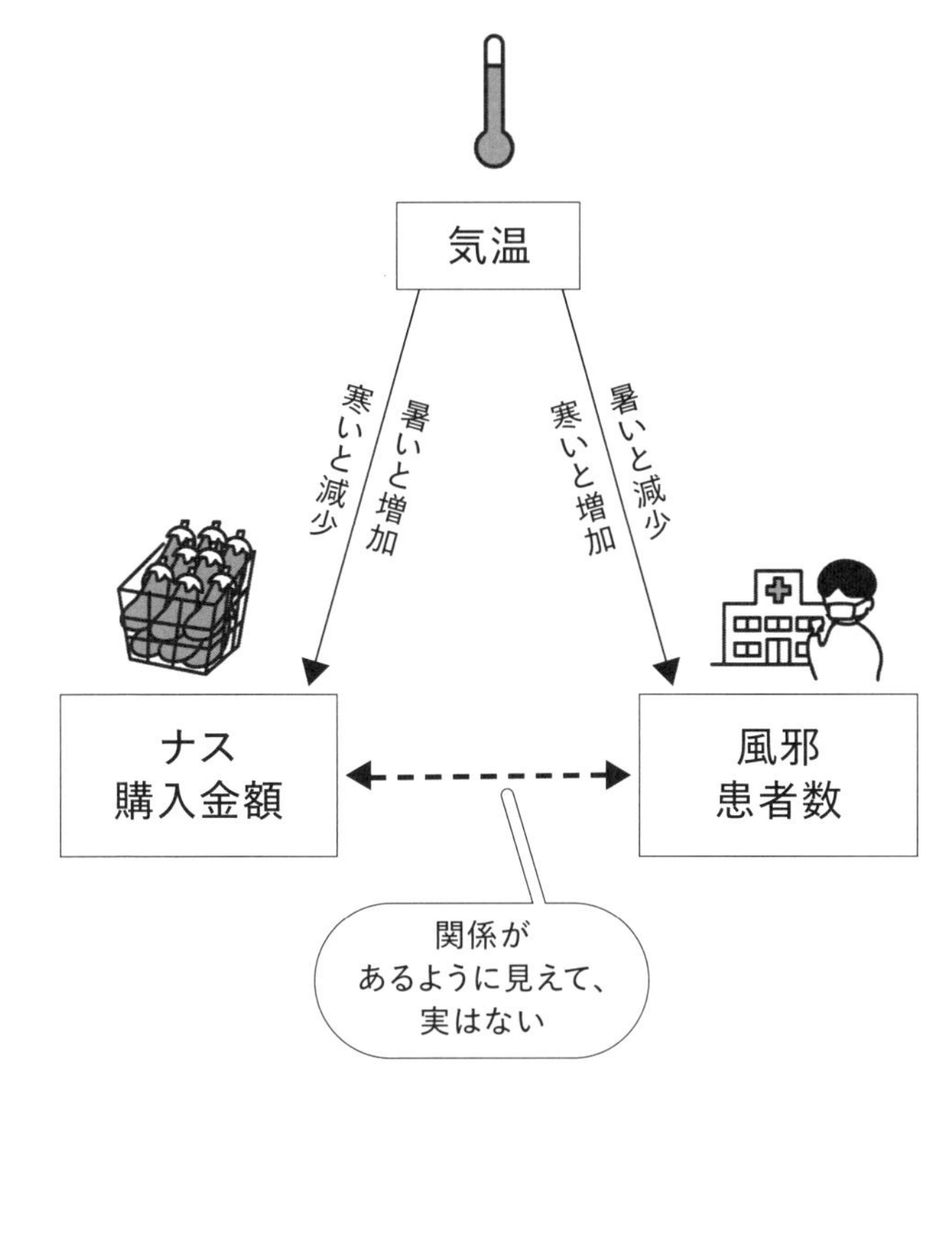

相関」と呼びます。

変数の間に見られる関係が、本当の因果関係なのか疑似相関なのかを判断することは非常に重要です。前節で説明したように、何らかの問題を解決するためには、その原因を正しく特定することが重要です。原因を誤って特定すれば問題は解決できません。たとえば、１２１頁の**図１**の結果を「ナスを食べると風邪にならない」という因果関係を示していると考えて毎日ナスを食べたとしても、風邪は予防できないでしょう。[*5] たぶん。

このように、因果関係の判断は、難しい場合があるので、２つの変数の間に何らかの関係があるからといって安易に因果関係を想定すべきではありません。メディアやネットで

因果関係の解明って難しい

は、相関関係をただちに因果関係とみなすような議論を時々見かけますが、因果関係の判断は慎重におこなう必要があります。

注釈

＊1 調査や実験の方法を工夫すれば、生活満足感と幸福感の因果関係を特定することは不可能ではありませんが、それでも難しい問題です。

＊2 出典：健康保険組合連合会「平成30年度　風邪（感冒）、インフルエンザ等、季節性疾患（入院外）の動向に関するレポート」（令和2年7月） https://www.kenporen.com/toukei_data/pdf/chosa_r02_07_03.pdf

＊3 出典：総務省「家計調査」（時系列データ：2人以上の世帯） https://www.stat.go.jp/data/kakei/longtime/index.html

＊4 統計学の知識がある方向けに補足すると、風邪の患者数とナス購入金額の相関係数は－0・917です。

＊5 ナスには体に良い成分がいろいろ含まれているので、伝統的に薬用としても利用されてきました。ただし、ナスの基本的な薬効は「炎症を鎮める」で、風邪に効果があるとはみなされていなかったようです。

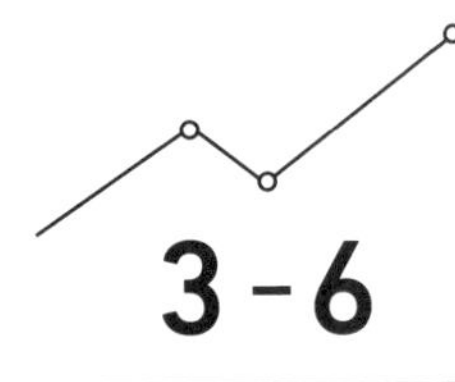

3-6

難易度★★☆

比較の考え方（1）
適切な比較と不適切な比較

≫「正しい比較」って、意外に大変

比較したい条件以外の条件をそろえる

変数の関係を分析する方法として、よく使われるのが比較です。しかし、正しい比較、より厳密には「科学的に正しい比較」をおこなうのは意外に大変です。

科学的に正しい比較をおこなうためには、「比較したい条件以外の条件をそろえること」が必要です。たとえば、「英語が良くできるのは、男性と女性のどちらか」を、TOEICのスコアを手がかりに比較する場合を考えましょう。次のような結果が得られたとします。

・ある市役所に勤務する中年男性10人のTOEICスコアの平均は600だった。
・ある大学の英文学科に所属する女子学生10人のTOEICスコアの平均は700だった。

この結果から、「女性の方が英語が良くできる」と結論してはいけないことは明らかでしょう。なぜなら、性別以外の条件、たとえば年齢、英語の学習経験、日常生活の中で英語を使用する機会などが2つのグループの間で異なるからです。

正しく比較したいなら、英文学科所属の男子大学生と女子大学生を比較するとか、同じ市役所に勤務する同年代の男女を比較するといったように、比較したい条件（この場合は性別）以外にTOEICスコアに影響すると考えられる条件をそろえる（条件が同じになる）よう調整することが必要です。[*1]

私たちが出会う統計の中には、比較が適切におこなわれているかどうかわかりにくいもの、あるいは比較ができるように見えて、実はそうでないものがあります。

全国学力調査の都道府県比較

ここでは「単純に比較できそうだけど、そうしてはいけないもの」の例として、文部科学省が実施している「全国学力・学習状況調査」（以下「全国学力調査」）を取り上げましょう。

図1は、2012年度の全国学力調査の中学「数学A」の正答率を都道府県別にまとめたものです。正答率が最も高い福井県は68・1％、最も低い沖縄県は50・8％で、約17ポイントの差があります。

日本の場合、小中学校の授業は文部科学省が作成した学習指導要領に従っておこなわれます。つまり、子どもたちが学校で学ぶ内容は原則として全国一律です。このため、全国学力調査の結果は特に調整の必要はなく、地域間や学校間で比較できそうに思えます。そして、地域や学校によって正答率が異なるなら、それは学校や教員の能力の違いによって生じると考えたくなります。

しかし、実際にはそうではありません。子どもの学力は、学校や教員以外にも様々な条件の影響を受けます。特に重要な条件の1つが、家庭の経済状況です。経済状況が良

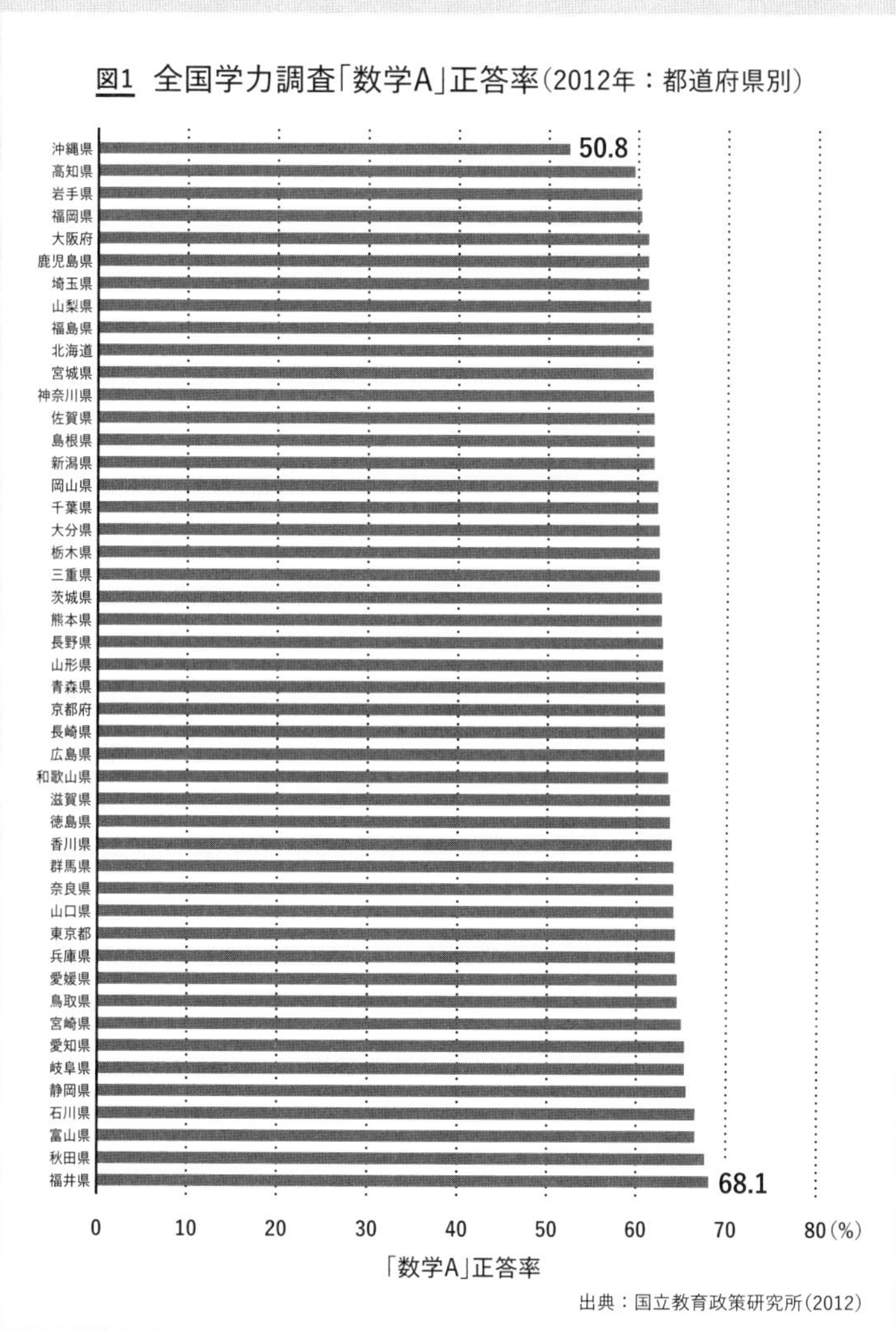
図1 全国学力調査「数学A」正答率(2012年：都道府県別)
沖縄県
高知県
岩手県
福岡県
大阪府
鹿児島県
埼玉県
山梨県
福島県
北海道
宮城県
神奈川県
佐賀県
島根県
新潟県
岡山県
千葉県
大分県
栃木県
三重県
茨城県
熊本県
長野県
山形県
青森県
京都府
長崎県
広島県
和歌山県
滋賀県
徳島県
香川県
群馬県
奈良県
山口県
東京都
兵庫県
愛媛県
鳥取県
宮崎県
愛知県
岐阜県
静岡県
石川県
富山県
秋田県
福井県
50.8
68.1
0
10
20
30
40
50
60
70
80(%)
「数学A」正答率
出典：国立教育政策研究所(2012)

くない家庭の子どもは、自宅で落ち着いて勉強できる環境がない、塾に行けないなどの様々な理由から、学力が伸びにくい傾向があります。したがって、貧しい家庭の多い地域ほど、地域全体の学力（正答率）が低くなります。家庭の経済状況という条件を調整しないと、地域間や学校間の学力は正しく比較できないのです。

図2は、２０１２年度の全国学力調査の中学「数学Ａ」の正答率と、子どもの貧困率[*2]の関係を都道府県別にまとめたものです。グラフの点は各都道府県を示します。グラフ内にひかれた直線は、貧困率と正答率の関係を要約したものです[*3]。子どもの貧困率（横軸）が低い都道府県ほど「数学Ａ」の正答率（縦軸）が高く、貧困率が高い都道府県は正答率が低い傾向があることがわかります[*4]。

このように、貧困率が都道府県によって異なり、それが子どもの学力と関係している以上、貧困率を考慮しない単純な都道府県比較は「正しい比較」とは言えません[*5]。都道府県内の地域差や学校差についても、同じことが言えます。

全国学力調査の結果については、これを学校や教員の評価に使用すべきと主張する人もいます。しかし、家庭の経済状況のような条件を無視して単に正答率の高低のみで学校や教員を評価することは、学校や教員の能力や努力を無視することになりかねませ

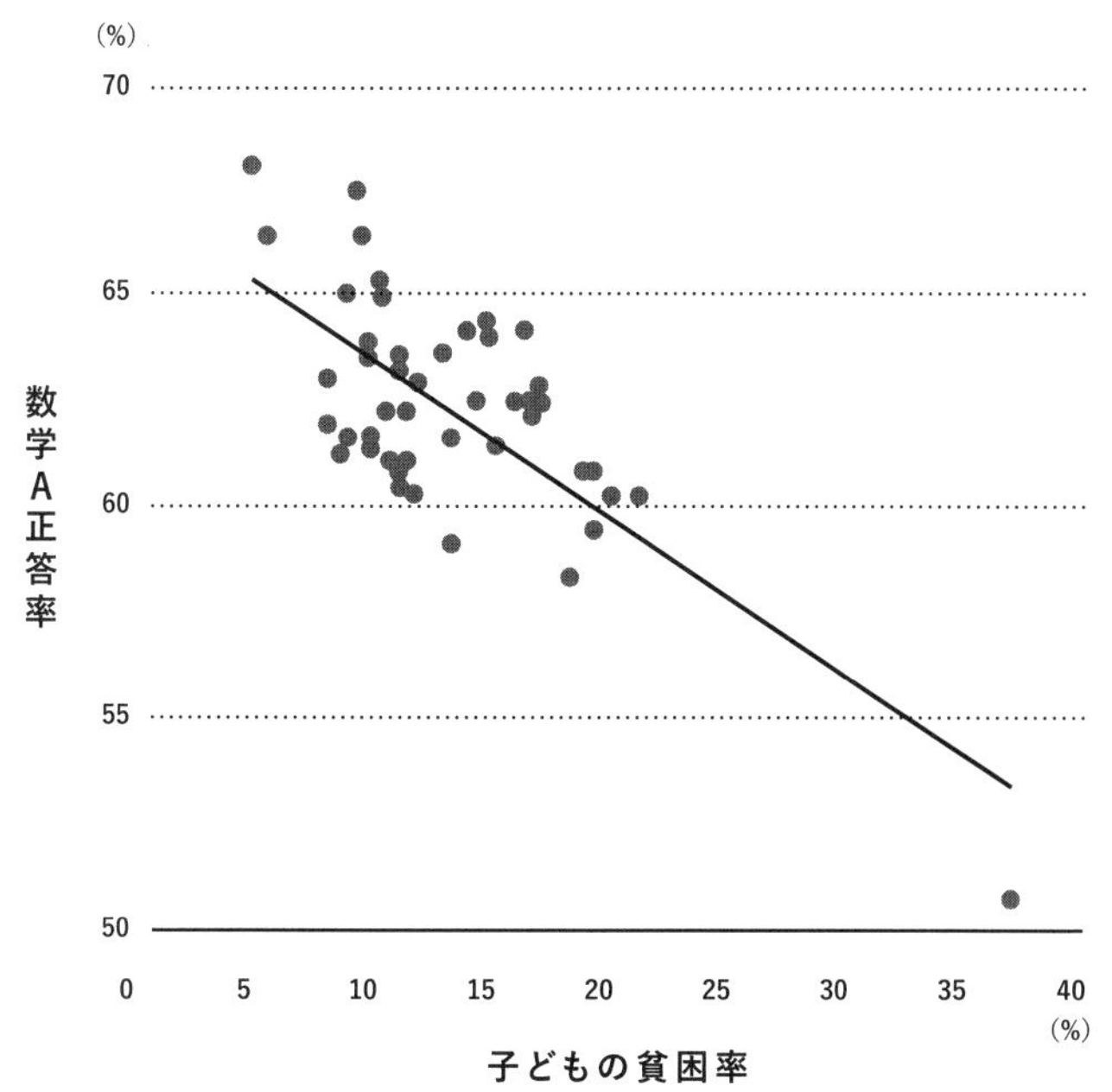

出典：国立教育政策研究所（2012）・戸室（2018）より筆者作成

ん。こうした結果の評価には、**「正しい比較をおこなうために考慮すべき条件は何か」についての慎重な検討が必要です。**[*6]

注釈

***1** 厳密に言えば、他にも調整すべき条件があるので、この例では正しい比較になっていません。比較したい条件以外の条件をそろえるための最善の方法は、調査対象を無作為に2つのグループに分けることです。これを「無作為割当」と呼びます。「無作為」の意味については第3章第2節をお読みください。

***2** 18歳未満の子どもがいる貧困世帯の比率。ここでの「貧困世帯」は都道府県別の最低生活費（概ね1人あたり年１００万円程度）を下回る世帯のこと（文献❷）。この貧困率は、いわゆる相対的貧困率（等価可処分所得の中央値の50％未満の割合）とは異なります。

***3** より厳密に言えば、データに最もよくあてはまるように直線を引いています。この直線のことを「回帰直線」と呼びます。

***4** 子どもの貧困率と「数学A」正答率の相関係数は－０・７２４です。

***5** 図1で正答率が最も高いのは福井県です。福井県は、図2で使用したデータの中で子どもの貧困率が最も低い県でもあります。福井県の子どもの貧困率が低い理由として、失業率の低さ、非正規雇用率の低さ、三世代同居率の高さなどが指摘されています（文献❷）。

条件が違えば、結果も違う！

こうした点も、子どもの学力に影響するかもしれません。これらをふまえると、やはり全国学力調査の単純な都道府県比較は正しい比較にはなり得ないと言えるでしょう。

*6 とは言うものの、厳密な比較をおこなおうとすると実際には様々な困難に直面します。比較の難しさについて詳しく知りたい方は、文献❸の第2章をお読みください。

文献

❶ 国立教育政策研究所．2012．「平成24年度全国学力・学習状況調査【都道府県別】集計結果　実施概況　都道府県　中学校」https://www.nier.go.jp/12chousakekkahoukoku/07todoufuken_shuukeikekka.htm

❷ 戸室健作．2018．「都道府県別の子どもの貧困率とその要因：福井県に着目して」『社会政策』10(2)：40－51

❸ 筒井淳也．2023．『数字のセンスを磨く：データの読み方・活かし方』光文社新書

3-7

難易度 ★★★

比較の考え方（2）
比較対象の無視に気をつけよう

≫ 実は起こりやすい、比較対象の無視

成功の陰には失敗がある

比較については、前節で解説した「条件をそろえる」に加えて、もう1つ注意しなければならないことがあります。それは「比較すべき対象が存在するのに、それを無視すること」です。

たとえば、読者のみなさんは、次のような本や記事をお読みになったことはないでしょうか。どこかで見たタイトルのような気もしますが、これらは全て架空例です。ふふふ。

- カリスマ経営者に聞く、AI時代の成功の秘訣
- 5人の子ども全員をオックスフォード大学に入学させたパパが語る、「できる」子の育て方
- 末期がんから生還した元患者が教える、がんを克服する方法

企業の急成長、難関大学への入学、難病の克服は、一般に「成功」と評価されます。目覚ましい成功を収めた人に、その成功の原因を教えてもらうのは当然のような気もしますが、実はそこに落とし穴があります。

成功の原因を知るためには、成功したケースと失敗したケースの比較が必要です。そうでないと、本当の原因を明らかにすることはできません。

たとえば、末期がんを克服した元患者が、「がん克服の秘訣は、毎日1個ホヤを食べること」と主張したとしましょう。[*1] 克服した人がそう言うなら、つい信じたくなるのが人情です。しかし、実際にはそれが成功の原因であると断定はできません。なぜなら、

毎日ホヤを食べていても、がんを克服できずに亡くなった人がいるかもしれないからです。

「ホヤを食べればがんを克服できる」と主張するためには、がんを克服できた人たちと克服できなかった人たちを比較し、前者のみがホヤを食べていたことを確認する必要があります。もし、がんを克服できなかった人たちの中にもホヤを食べていた人がいたのであれば、ホヤをがん克服の原因と考えることはできません。[*2]

このように、成功の原因を明らかにするためには、失敗との比較が不可欠です。しかし現実には、成功者のみ、あるいは逆に失敗者のみに注目した分析がおこなわれることが珍しくありません。これは第1章第5節で解説した確証バイアスの一種です。成功（失敗）した人たちのみに注目することは偏った標本を選ぶことに他ならないので、そこから科学的に正しい知見を得ることは困難です。

このように、**特定の特徴を持った対象が選ばれないことで生じる標本の偏りのことを「選択バイアス（または生存バイアス）」と呼びます**。

選択バイアスは完全に防げない

選択バイアスが厄介なのは、無作為抽出法で選んだ標本でも生じる場合があることです。第3章第2節では無作為抽出法の重要性を解説しましたが、残念ながら無作為抽出法にも限界があります。

実際の事例をご紹介しましょう。

次頁の**図1**は「あなたは、現在のご自分の健康状態をどう思いますか」という質問に「良い」と回答した人の比率を、飲酒頻度および年齢層別に比較したものです。[*3] この分析結果は、無作為抽出法を用いた全国調査データに基づいています。[*4]

若い年齢層では、飲酒するグループと飲酒しないグループの間の健康状態に大きな差はありません。しかし、60代以降になると、飲酒するグループの方が、健康状態が良い割合が高いことがわかります。では、この結果から「飲酒は高齢者の健康に良い」と考えて良いでしょうか。

実はそうは言えません。なぜなら、この分析結果の背後には選択バイアスが存在するからです。

図1 飲酒頻度と健康状態の関係

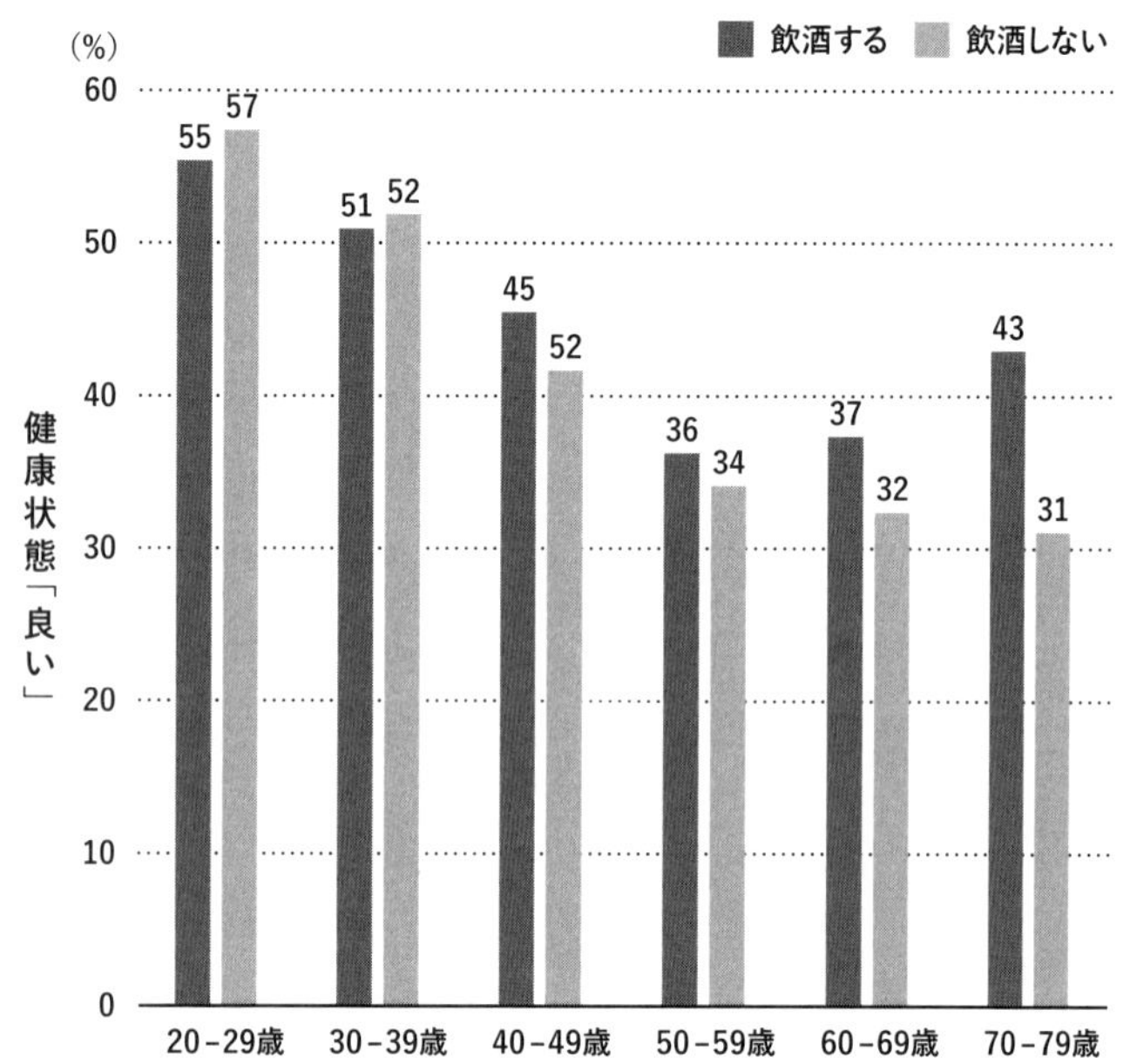

出典：2015年「社会階層と社会移動」全国調査

社会調査は、その時点で存命の人を対象におこなわれるのが基本です。すでに死亡した人は対象になりません。当然、飲酒が原因の病気や事故で亡くなった人も対象外です。また、存命であっても、健康状態が極端に悪い人は調査に協力できません。つまり、調査の回答者は、存命で健康状態が比較的良い人びとに偏りやすくなります。そして、健康状態による偏りは、対象者が高齢になるほど大きくなると考えられます。

このような選択バイアスの存在をふまえると、**図1**が示しているのは「飲酒は高齢者の健康に良い」ではなく、「高齢者で飲酒するのは健康状態が良い人が多い」という事実であると考えた方が良さそうです。

このように、選択バイアスの存在は分析結果をどう理解するかに大きく影響する場合があります。調査対象や調査内容によっては、無作為抽出法を用いたとしても、選択バイアスを完全に除去することはできません。統計を見る際は、この種の偏りが存在する可能性を常に意識する必要があります。

付記

本研究はＪＳＰＳ科研費特別推進研究事業（課題番号２５０００００１）に伴う成果の１つであり、２０１５年ＳＳＭ調査データ使用にあたっては２０１５年ＳＳＭ調査データ管理委員会の許可を得た。

注釈

＊1 ホヤ（海鞘）は宮城県でポピュラーな海産物です。人呼んで「海のパイナップル」。

＊2 ただし、これは極端な例です。現実的には、この種の問題は「がんを克服した人たちはホヤを食べていた割合が高く、克服できなかった人たちはホヤを食べていた割合が低い」といった傾向（比率や平均値の差）の有無の確認に帰着します。

＊3 健康状態の「良い」は「とてもよい」と「まあよい」の合計比率。飲酒頻度は「お酒をよく飲む」という質問に「あてはまる」「ややあてはまる」と回答した人を「飲酒する」、「あまりあてはまらない」「あてはまらない」と回答した人を「飲酒しない」としました。

＊4 ２０１５年「社会階層と社会移動に関する全国調査」（ＳＳＭ調査）データを使用。対象者は２０１５年時点で20歳から79歳の日本国籍を持つ男女。標本抽出法は層化二段抽出法。調査法は訪問面接法と留置法の併用。有効回答数は７・８１７、有効回収率は50・１％。

第 4 章

「良く見せたい」の落とし穴

社会における統計の重要性が高まるほど、統計数値を「良く見せよう」とする誘惑も高まります。しかし、数値を良く見せようとすることは、統計の誤った使い方や不正につながりかねません。第 4 章では、「良く見せたい」という欲が引き起こす問題点と、それをふまえた統計とのつき合い方を解説します。

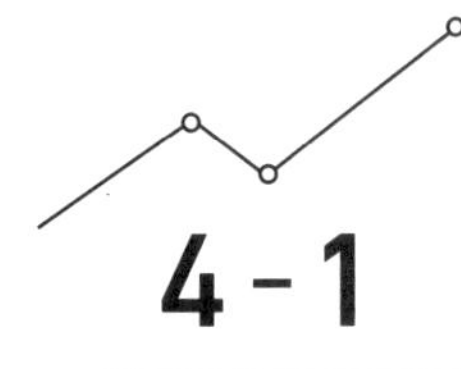

4-1

難易度 ★☆☆

グラフのトリック（1）
縦と横

≫ グラフは印象操作の宝庫
まずは、縦軸と横軸に気をつけよう

「良く見せよう」とする誘惑

何らかの証拠を提示して他人を説得しようとする時、その証拠は「わかりやすいもの」「印象的なもの」「整ったもの」である方が、説得力が高まります。したがって証拠を提示する側は、手持ちの証拠を「わかりやすく」「印象的に」「整えて」提示したくなります。ここではこうした行為を、証拠を「良く見せよう」とする行為と呼んでおきます。

統計も証拠の一種ですから、社会における統計の重要性が高まるほど、統計を「良く見せよう」とする誘惑も高まります。しかし、統計を良く見せようとすることは、統計の誤った使い方や不正につながりかねません。

統計を良く見せるための技術は様々ですが、その中でおそらく最もよく使われるのが、グラフのトリックです。グラフのトリックは、大きく4つに分類できます。すなわち、①縦軸の操作、②横軸の操作、③3次元化、④グラフの形と数値の不一致、です。この節では、1番目と2番目について解説します。

縦軸の操作　どんな変化も伸縮自在

まずは、145頁の**図1**をご覧ください。これは「お宅の生活は、これから先、どうなっていくと思いますか」という質問に「悪くなっていく」と回答した人の割合をまとめたものです。2017年から2019年の3年間に「悪くなっていく」が激増したことがわかります。

ここで「激増した」という表現に納得してしまった方は、グラフの数値をよく見てください。2017年から2019年にかけての「悪くなっていく」の増加は4ポイント程度なので、激増と呼ぶのは微妙かもしれません。グラフの縦軸をよく見ると、縦軸の数値の範囲が非常に狭く設定されており、小さな数値の変化が大きく見えるようになっています。

これに対し、縦軸の数値を0~100に設定したのが**図2**です。このグラフだと、変化はかなり緩やかに見えます。しかし、**図1**と**図2**は同じ数値を用いて作成したものなのです。このように**縦軸の数値の範囲を狭く設定すると、数値の変化を大きく見せることができます。逆に、縦軸の数値の範囲を広く設定すれば、数値の変化を小さく見せることも可能**です。まさに伸縮自在ですね。

縦軸の操作は、グラフのトリックの基本中の基本です。みなさんもぜひ活用しましょう、じゃなくて気をつけましょう。実際、エクセルなどの表計算ソフトでグラフを作成する場合、ソフトが自動的に縦軸の数値の範囲を設定するため、気をつけないと意図せずにグラフのトリックを使うことになってしまいます。

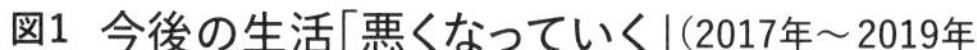

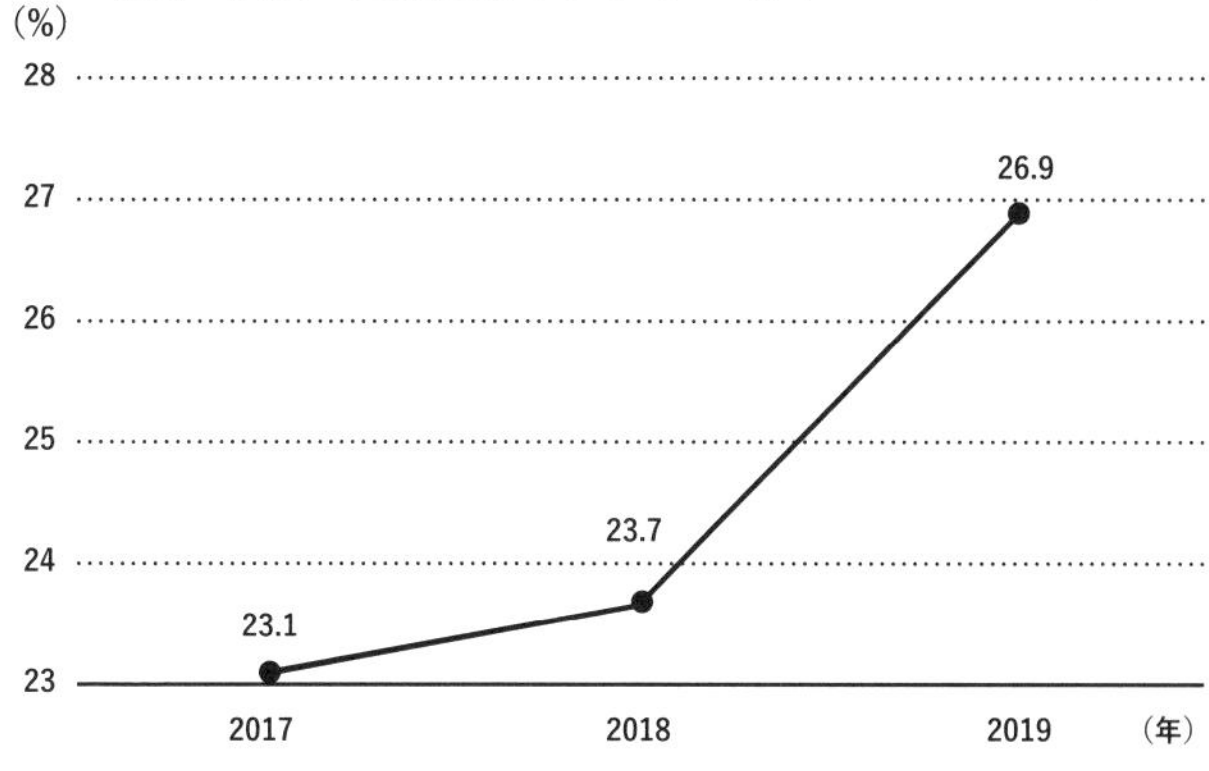

出典：国民生活に関する世論調査(内閣府)

図2 今後の生活「悪くなっていく」(縦軸の設定が異なるバージョン)

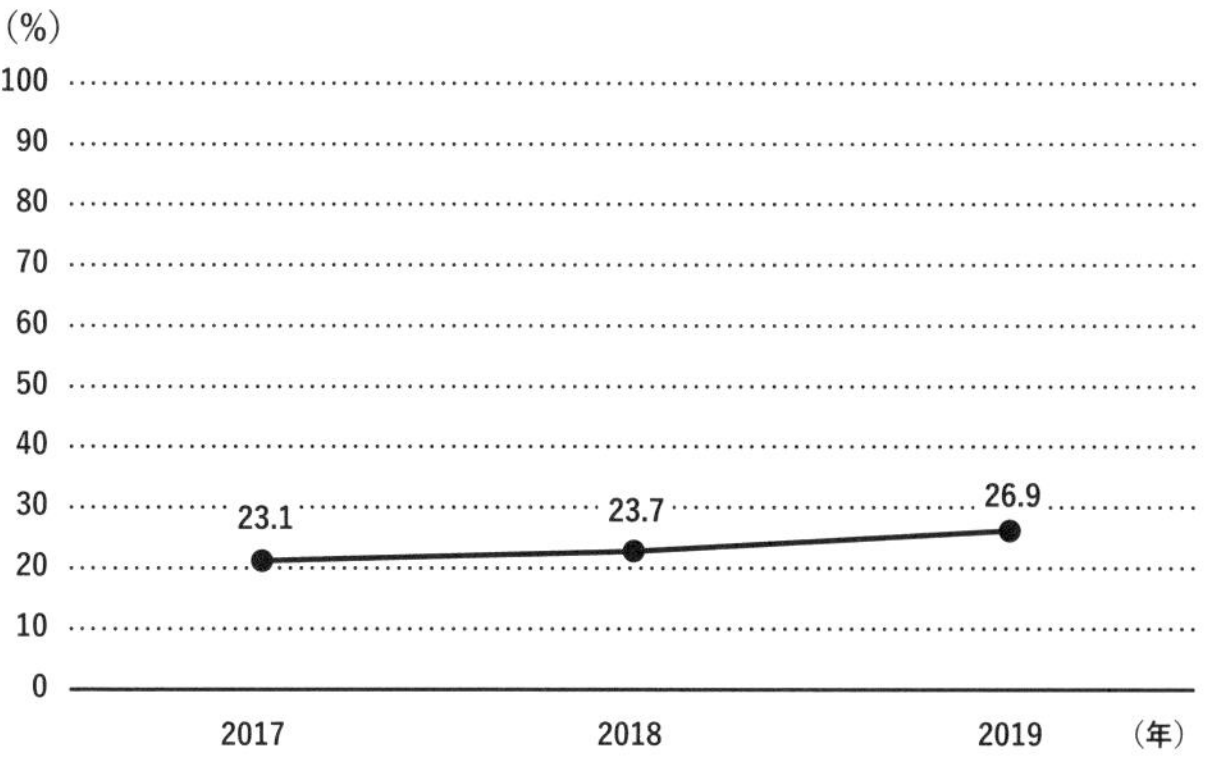

出典：国民生活に関する世論調査(内閣府)

できます。

横軸の操作 都合のいいとこだけ抜き出そう

グラフの縦軸を操作して印象操作できるのなら、横軸を操作して印象操作することもできます。

先ほど紹介した「生活の見通し」のグラフは、2017年から2019年の3年間の結果でした。この時期は第二期安倍内閣の末期にあたります。第二期安倍内閣の看板政策と言えばアベノミクスですが、この時期に今後の生活の見通しが悪化したということは、アベノミクスに効果はなかったと考えるべきなのでしょうか。安倍内閣を批判したい人にとっては、恰好の批判材料になりそうです。

ここで気になるのが、2017年以前の状況です。ということで、2001年以降の生活の見通し（「悪くなっていく」）の変化をまとめたものが**図3**です（2015年と2016年の間でグラフが切れていますが、これについては後で説明します）。

「悪くなっていく」の変化を見ると、2016年以降はゆるやかに上昇傾向ですが、2015年以前は数値が揺れ動いており、一貫した傾向を見出すのは難しい印象です。

このように長期の変化を確認すると、**図1**や**図2**のような短期間での変化とは数値の

図3 今後の生活「悪くなっていく」(2001年〜2019年)

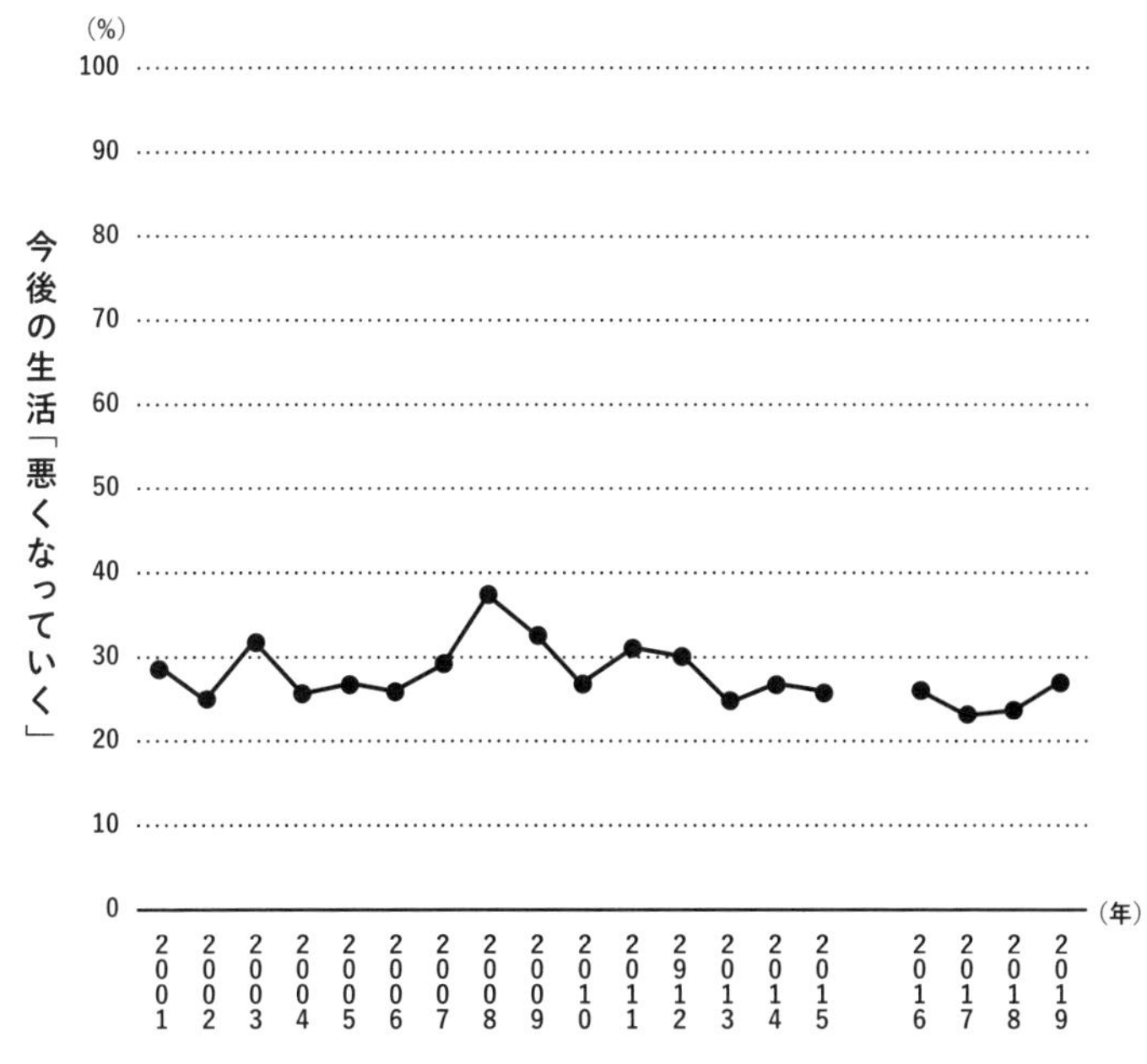

出典：国民生活に関する世論調査(内閣府)

印象が異なってきます。これが、横軸の設定による印象操作です。

横軸の数値が年月日のような時系列の場合、時系列の始点と終点を任意に設定することで、特定の主張に都合のいいグラフを作ることができます。たとえば、何が何でもアベノミクスを批判したい人は、今後の生活が「悪くなっていく」という回答が増加している期間のみを取り出せば、自分の主張に都合のいい証拠を示せます。逆に、何が何でもアベノミクスを誉めたい人は、「悪くなっていく」という回答が減少する期間のみを取り出せばいいわけです。さらに、縦軸の操作も組み合わせれば効果抜群、じゃなくて印象操作の度合いが高まります。

最後に、**図3**のグラフの線に切れ目が入っている理由を説明しましょう。2016年から選挙権の適用年齢が18歳に引き下げられました。世論調査はほとんどの場合、有権者を対象に実施されます。そこで、「国民生活に関する世論調査」は、2016年から調査対象者を18歳以上に変更しました（2015年までは20歳以上）。一般に、対象や方法が異なる調査の結果を直接比較することはできません。このため、2015年までと2016年以降で調査方法が変更されたことを示すため、グラフに切れ目を入れるのです。

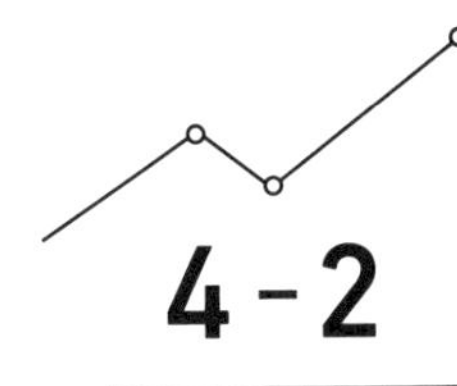

4-2

難易度 ★☆☆

グラフのトリック(2)

3次元化と不一致

手前が大きく見える3次元グラフの性質に要注意。
グラフの形と数値にも気をつけよう。

前節では、4つのグラフのトリックのうち、縦軸の操作と横軸の操作を説明しました。この節では、3番目と4番目のトリックを解説します。

3次元グラフ　いつもより大きく見せております

前節で紹介した「今後の生活の見通し」(内閣府「国民生活に関する世論調査」)の選択肢は、「良くなっていく」「悪くなっていく」「同じようなもの」の3つです。前節では「悪くなっていく」の変化のみを紹介しましたが、2019年の調査結果について、3つの選択肢と「わからない」という回答の割合を円グラフにまとめたものが**図1**です。**図1**は普通の円グラフで、特にトリックはありません。このような通常のグラフは地味なので、立体的にすると見栄えが良くなるような気がします。

ということで、**図1**と同じデータを使って、3次元の立体的な円グラフを描いたものが**図2**です。いかがでしょう。**図1**よりもかっこよくなったでしょうか?

このような立体的なグラフには、気をつけなければならない点があります。それは、**3次元グラフでは手前が大きく、奥が小さく見えるという性質です。**

この性質を利用して、手前に強調したい部分を配置すると、実際の数値より割合を多きく見せることが可能です。これが3次元グラフのトリックです。**図2**の場合、グラフの数値は一切操作しておらず、単に3次元化しただけです。しかし、**図1**よりも「悪くなっていく」という回答の割合が多く見えるような気がするのですが、いかがでしょうか(心のきれいな人ほど多く見えるらしいです。嘘です)。

このように、3次元グラフを作って強調したい部分を手前に置けば、その数値を実際よりも大きく(多く)見せることができます。ここでは円グラフを例に説明しました

図1　今後の生活「悪くなっていく」(2019年)

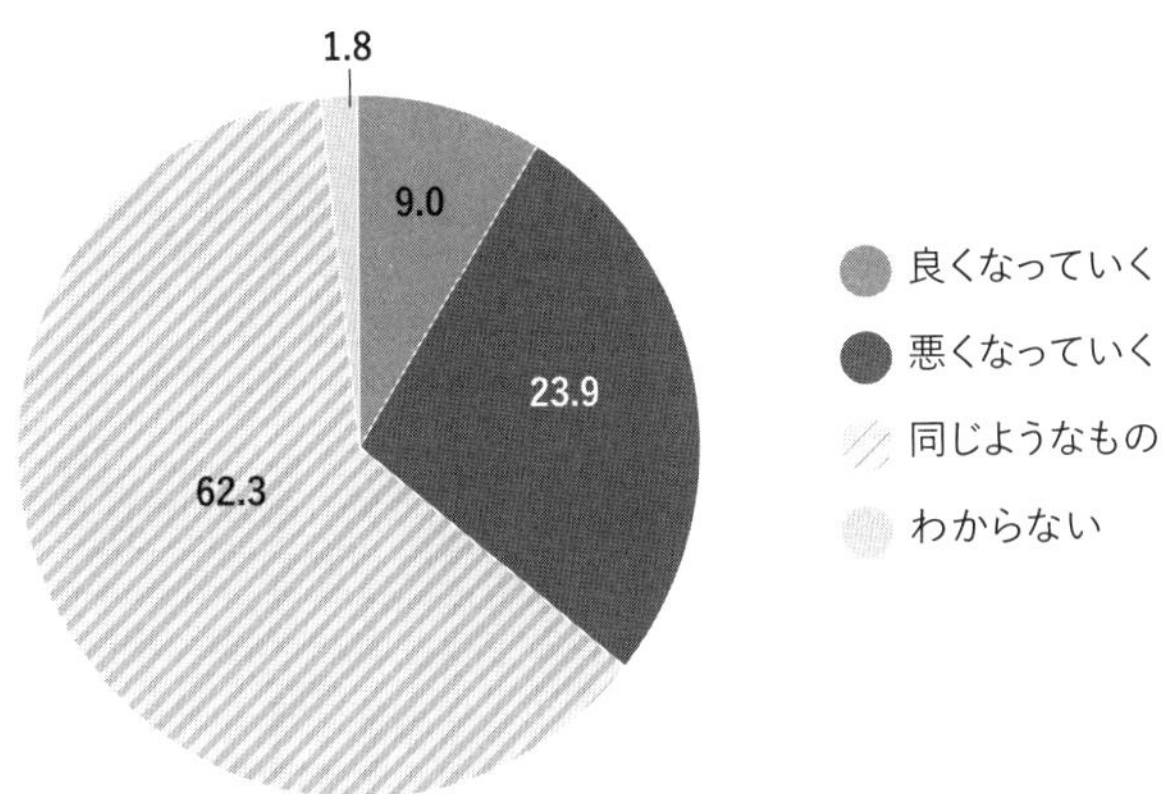

出典：国民生活に関する世論調査(内閣府)

図2　今後の生活「悪くなっていく」(図1を3次元化)

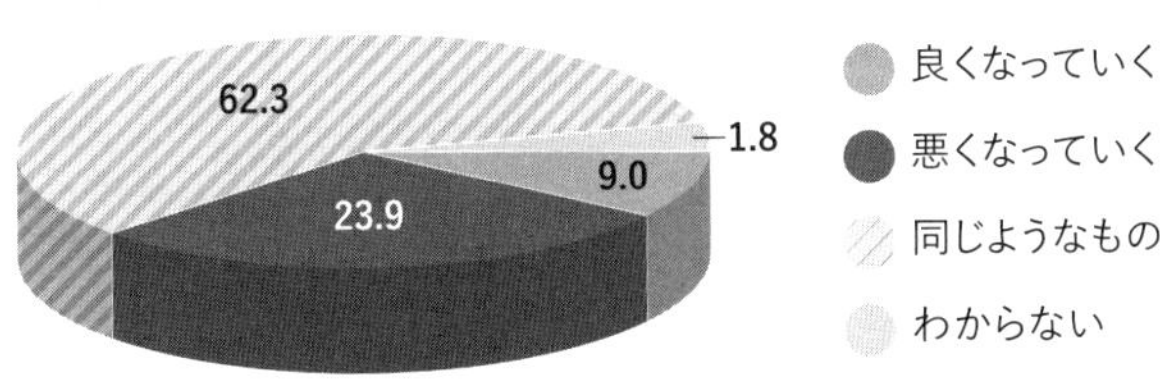

出典：国民生活に関する世論調査(内閣府)

が、[*1]棒グラフや折れ線グラフでも同じことが可能です。

このような理由から、2次元のグラフで機能的に問題がない場合、言い換えると2次元グラフで必要な情報を全て示せる場合、グラフを3次元化するのは避けた方が賢明です。

もちろん、3次元グラフを使っても問題ない場合もあります。複雑なデータの場合は、3次元グラフを使用しないと適切に情報を表現できないことがあるからです。3次元グラフの利用は、そのような必然性のある場合に限定するのが基本です。

グラフの形と数値の不一致　その思い込みが落とし穴

最後に、グラフの形と数値の不一致について説明しましょう。まずは**図3**をご覧ください。これは、ご飯とパンのどちらが好きかを尋ねた調査の結果です（架空例）。

「ご飯が好き」と回答した人は50％でした。

あれ？　ご飯が好きな人が50％ならパンが好きな人は残り50％で、円は半々に分かれるはずです。しかし、**図3**のグラフは賛成の方が多くなっていますね。これがグラフの

図3 ご飯とパン、どっちが好き？（架空例）

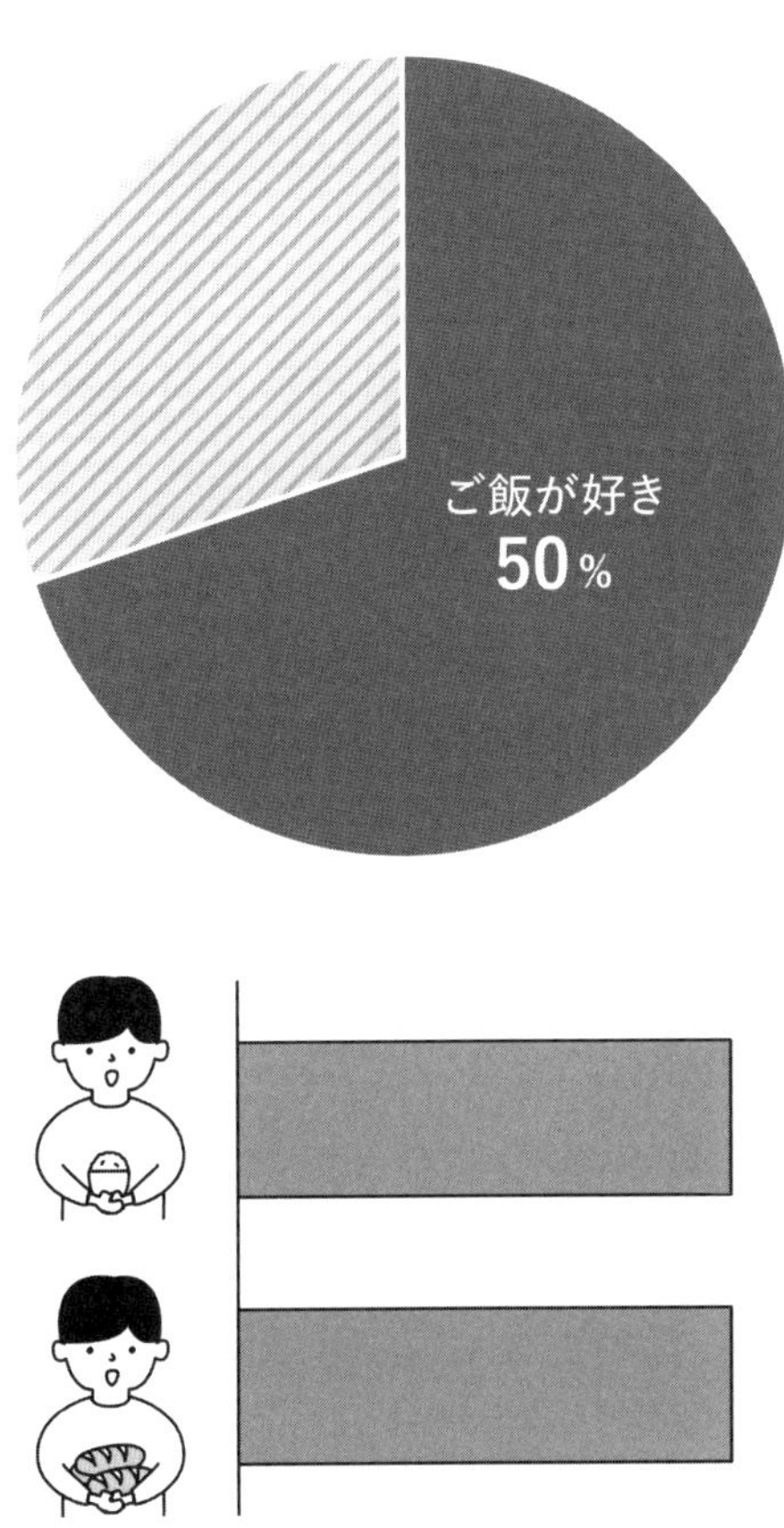

形と数値の不一致です。

グラフを作成する際、情報を正確に伝えるために数値を併記する場合があります。正しくグラフを作れば、当然のことながらグラフの形状と数値は一致します。私たちはそうした「正しいグラフ」に慣れきっており、**グラフの形と数値は必ず一致すると思い込んでいます**。

その思い込みを悪用して、**グラフの形と数値を一致させないことで印象操作するのが、グラフの形と数値の不一致のトリックです**。この場合、グラフに表示される数値は正しいのに、グラフの形は示された数値と異なるものになります。**図3**の場合、グラフには「ご飯が好き50％」と表示されていますが、グラフの形は「ご飯が好き」70％、「パンが好き」30％のデータで作成したものです。

このトリックは、これまでに説明した3つのトリックよりも悪質性が高くなっています。縦軸の操作、横軸の操作、グラフの3次元化の3つのトリックは、グラフのもととなる数値そのものには手を加えていません。しかし、グラフの形と数値の不一致のトリックの場合、グラフを作成する際に、実際のデータとは異なる数値を使うことになります。これは実質的にデータの改ざんにあたります。データに限らず、情報の捏造・改ざんが重大な不正であることは、改めて説明するまでもないでしょう。

グラフのトリックの傾向と対策

最後に、グラフのトリックにひっかからないコツをまとめておきましょう。これらは「だまされない」方法でもあると同時に、「だまさない」方法でもあります。

（1）棒グラフや折れ線グラフを見る時は、縦軸の数値を確認しましょう。数値の範囲が極端に狭いまたは広い場合、あるいは縦軸の数値が示されておらず、数値の範囲が確認できない場合は要注意です。

（2）棒グラフや折れ線グラフを見る時は、横軸の数値も確認しましょう。横軸が時系列の場合、「グラフで示された範囲の前後はどうなっているのだろう」と考えるのが有効です。

（3）3次元グラフを見る際は、「このグラフは3次元化する必要があるか」を考えましょう。2次元で情報を過不足なく表現できるグラフが3次元になっている場合は、印象操作の意図があると疑った方が良いでしょう。

（4）グラフに数値が示されている場合は、その数値とグラフの形状が一致しているかを念のため確認しましょう。

グラフのトリックは、本当によく使われています。グラフのトリックの実例をまとめたウェブサイトもいくつかありますので、興味のある人は探してください。有名メディアや有名企業の実例もあったりして、びっくりするかもしれませんよ。ふふふ。

注釈

＊1 統計学の専門家の中には、円グラフそのものを使うべきではないと主張する人たちもいます。理由が気になる方は、次の記事（英語）をお読みください。メルボルン大学統計相談センター「なぜ円グラフを使うべきではないのか」https://scc.ms.unimelb.edu.au/resources/data-visualisation-and-exploration/no_pie-charts

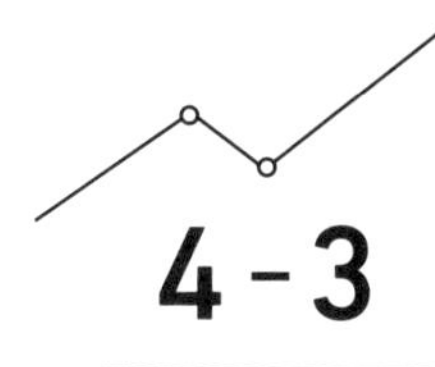

4-3

チェリーピッキング

難易度 ★☆☆

証拠の「いいとこどり」は不適切

チェリーピッキングとは

統計に限りませんが、自分の主張に都合のいい証拠のみを提示し、都合の悪い証拠を出さないのは、議論の作法として不適切です。

自分の主張に都合のいい証拠のみを提示することを「チェリーピッキング」（cherry picking）と呼びます。直訳すると「サクランボ摘み」ですね。

サクランボを摘む時は、おいしそうな実を選び、不味そうな実は摘みません。ここから転じて、自分に都合のいい証拠のみを選び、都合の悪い証拠を無視する行為をチェリーピッキングと呼びます。チェリーじゃなくてイチゴでもリンゴでもよさそうですが、この言葉を考えた人はチェリーが大好きだったのでしょう。たぶん。

チェリーピッキングは、自分に都合のいい方向に議論を誘導したい時によく使われる方法ですが、証拠に基づいた正しい議論をおこないたい立場からすると厄介な存在です。

チェリーピッキングがよく使われ、かつ厄介な理由は、取り上げる証拠そのものに不正はないからです。証拠を不正に改変する「捏造」と「改ざん」は、発覚したら大問題になることが確実なので、リスクの高い手段で

おいしそうな実だけ食べたいのは、もっともですが

す。[*1] しかし、チェリーピッキングのように証拠を取捨選択することは、証拠の捏造・改ざんにはあたらないので、発覚してもそれほど大問題にはなりません。

もちろん、チェリーピッキングが発覚した場合、「都合の悪い情報を隠蔽した」と批判される可能性はあります。しかしその場合も、「えっ、そんな証拠があったんですか。参りやした。テヘペロでやんす」「都合の悪いデータだから隠したわけじゃないんです。そんなに重要だと思わなかったんです。嘘じゃないですよ。くくく」などとごまかすことができます。これはとっても便利、ではなくて困ったものですね。

実は、本書でもすでにチェリーピッキングがすでに登場しています。第4章第1節で説明したグラフの横軸の操作がそうです。自分の主張に都合のいい期間だけを選んだ横軸を設定するのは、グラフ作成におけるチェリーピッキングです。

実践! チェリーピッキング

突然ですがここで、チェリーピッキングを簡単に実践してみましょう。今の日本ではいろいろな面で女性が不利だと言われていますが、そんなことはありません。実は、日本はとっても女性に優しい国なのです。そんなの嘘だと思う方に、確かな証拠をご紹介しましょう。

証拠①　２０２１年の日本人の平均寿命は、男性が81・47歳、女性が87・57歳でした（厚生労働省「人口動態統計」）。すばらしい。

証拠②「国民生活に関する世論調査」（内閣府）では、現在の生活に満足している人は、男性71％、女性75％でした（２０１９年）。すばらしい。

証拠③「日本人の国民性調査」（統計数理研究所）の「もういちど生まれかわるとしたら、あなたは男と女の、どちらに生まれてきたいと思いますか？」という質問に「女に」と回答した女性は71％でした（２０１３年）。すばらしい。

おわかりいただけたでしょうか。日本がとっても女性に優しい国であることを。

こんな感じで、「日本は女性に優しい」という主張に都合のいい証拠のみを示すのがチェリーピッキングです。実際には、日本が女性に優しくないことを示す証拠もたくさんあります。たとえば、世界経済フォーラムが毎年発表していく国別の男女間不平等度を示すジェンダーギャップ指数は世界146国中111位でした（2022年）[*2]。経済面では、女性は男性の70％程度の賃金しか得ていません[*3]。2019年の日本全体の貧困率は16％でしたが[*4]、2018年の母子世帯の貧困率は51％でした（父子世帯の貧困率は23％）[*5]。また、先ほど紹介した「日本人の国民性調査」（2013年）では、男に生まれ変わりたいと回答した男性は87％で、女に生まれ変わりたいと回答した女性の割合を上回っていました。

結局、日本は女性に優しい国か否かはみなさん自身で判断いただくとして、チェリーピッキングがどういうものかはご理解いただけたと思います。

ここまでは、意図的におこなわれるチェリーピッキングについて解説しました。しかし、チェリーピッキングは無意識的におこなわれる場合もあります。第1章第5節で解説した認知バイアスを思い出してください。確証バイアスや利用可能性ヒューリスティックに強く影響されている人は、明確な意図や自覚なしにチェリーピッキングをおこなってしまう危険性が高くなります。自分でも気づかないうちにチェリーピッキングしないよう、気をつけましょう。

チェリーピッキングは厄介な存在ですが、見破る方法はあります。それは、証拠を網羅的に収集し、総合的に判断することです。[*6] 具体的には、とにかく情報を検索して様々な統計を探すしかありません。しかし、これは言うは易しおこなうは難し。実行にはかなりの時間と労力が必要です。だからこそ、チェリーピッキングはよく使われるのですが。

注釈

＊1 存在しない証拠をでっちあげるのが「捏造」、存在する証拠に手を加えて都合のいいように修正するのが「改ざん」です。

＊2 ただし、ジェンダーギャップ指数については、その計算法に関して批判もあります。興味のある人はネットで「ジェンダーギャップ指数問題点」などと検索すればいろいろ批判記事を探せます。

＊3 出典：労働政策研究・研修機構「早わかり　グラフで見る長期労働統計（図６－１）」https://www.jil.go.jp/kokunai/statistics/timeseries/html/g0406.html

＊4 出典：厚生労働省「２０１９年国民生活基礎調査の概況－各種世帯の所得等の状況」https://www.mhlw.go.jp/toukei/saikin/hw/k-tyosa/k-tyosa19/dl/03.pdf

＊5 出典：労働政策研究・研修機構「第5回（２０１８）子育て世帯全国調査」結果速報https://www.jil.go.jp/press/documents/20191017.pdf

＊6 チェリーピッキングは、「偏りのある標本」の一種でもあります。議論で参照すべき全ての証拠を母集団だとすれば、チェリーピッキングは「自分の主張に都合のいい証拠（標本）」のみを選ぶことで標本に偏りが発生します。

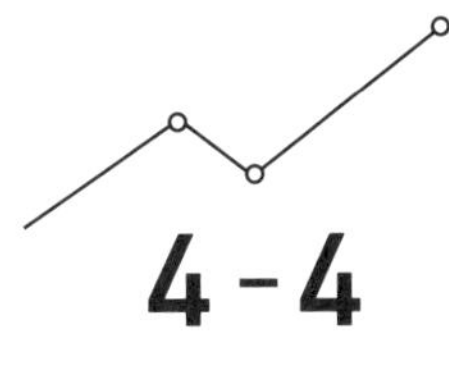

4-4

都合のいい解釈

難易度 ★★☆

統計の「解釈」は統計数値と同じくらい重要。
都合のいい解釈に気をつけよう。

統計の「解釈」

統計は、そのままでは単なる数値にすぎません。**統計が何を示しているか、統計から何か言えるかを考え、他の人に説明することを、統計を「解釈する」と呼びます。**

たとえば、平均値を「普通」とか「いちばん多い」を示すものとして受け取るのも、解釈の一種です。第2章第4節で説明したように、この解釈は必ずしも正しくないのですが。

数値そのものは正しくても、解釈を間違えると統計は役に立ちません。したがって、統計の解釈は慎重におこなわなければいけないのですが、しばしば思い込みや大人の事情で誤った解釈や自分の主張に都合のいい解釈がおこなわれる場合があります。

まずは次の調査結果をご覧ください。これは、農林水産省が林業従事者123名を対象におこなった森林資源に関する意識調査の結果です。[*1]

今後、森林の保有面積、雇用人数、機械台数等の経営規模（受託を含む）をどうしていきたいと思いますか。該当する選択肢を1つ選択し、その番号を回答用紙に記入してください。

（1）経営規模を拡大したい（14・6％）　（2）経営規模を縮小したい（7・3％）

（3）現状を維持したい（71・5％）　（4）林業経営をやめたい（6・5％）

農林水産省「森林資源の循環利用に関する意識・意向調査」（2016）

この結果をもとに、「森林経営の意欲が低い人はどれくらいいるか」を会議で説明し

たいとします。言い換えると、「森林経営の意欲が低い人の割合」を解釈するわけです。みなさんならどの選択肢に注目し、経営意欲が低い人は何%と説明するでしょうか。

おそらく多くの方は、「林業経営をやめたい」のみ、あるいは「経営規模を縮小したい」と「林業経営をやめたい」を合わせて「経営意欲が低い」と解釈するのではないでしょうか。したがって、森林の経営意欲が低い人は6・5%（「やめたい」のみ）、または13・8%（「やめたい」＋「縮小したい」）となりそうです。

さて、2018年の国会では「森林経営管理法」という法案が審議されていました。この法案の説明文書の中で林野庁は、「8割の森林所有者は森林の経営意欲が低い」と主張しました。その根拠となったのは、先ほど紹介した「森林資源の循環利用に関する意識・意向調査」の結果です。

あの調査結果のどこをどう読めば「8割の森林所有者は森林の経営意欲が低い」と主張できるのか、読者のみなさんは想像できるでしょうか。

実は、林野庁の担当者は、「経営規模を縮小したい」と「現状を維持したい」を合計した78・8%を、「経営意欲が低い」と解釈して資料を作成していました。しかし、経営の現状を維持することを「意欲が低い」と断じるのは、かなり無理がありそうです。

強引な解釈にご用心

ラーメンでも回転寿司でもカフェでも何でもいいですが、飲食店を例に考えてみましょう。世の中には、支店をどんどん増やして全国展開・世界展開するお店があります。こういうお店の経営者は、確かに経営意欲が高いと言えるでしょう。

その一方で、味やサービスの水準を維持するために、あえて支店を出さない、または支店数を抑制する人気店もあります。この場合、経営者は意図的に経営規模を拡大していないわけですが、それを「経営意欲が低い」と解釈するのが妥当かどうかは、意見が分かれそうです。

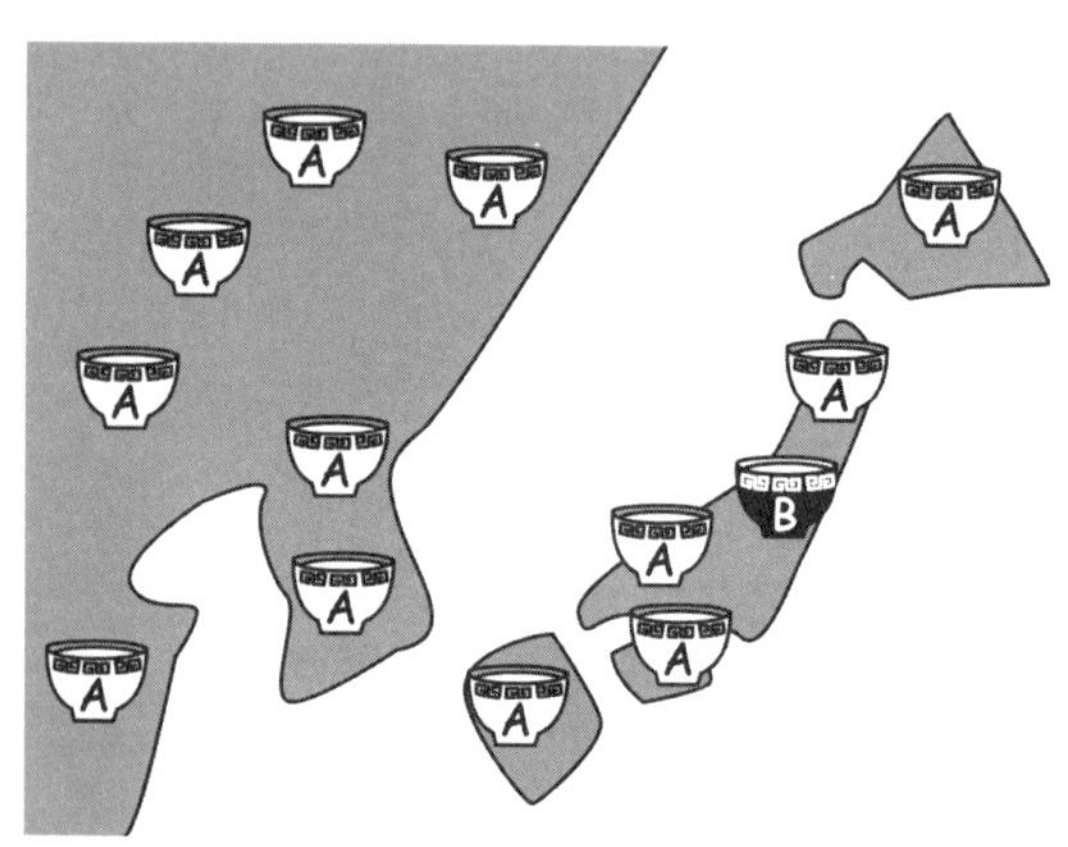

意欲が高い＝拡大路線、とは限らない

そもそも、先ほどの質問は、「あなたの経営意欲はどれくらいですか」のように、経営者に経営意欲を直接質問したのではなく、経営「規模」をどうしたいかを質問しているにすぎません。したがって、この質問の結果を経営「意欲」と読み替えてしまうのも、解釈として強引かもしれません。

つまり林野庁は、二重に強引な解釈をおこなった資料を作成して法案の説明をしたことになります。さすがにこの解釈は独創的すぎる、ではなくて無理がありすぎると国会で問題になり、林野庁はこの見解を文書から撤回しました。[*2] このように、統計数値を強引に解釈して、自分の主張に都合のいい証拠として利用するのが「都合のいい解釈」です。

都合のいい解釈の方法は他にもいろいろあります。よくあるのは、**自分の主張に合わせて、貧弱な証拠を重大な証拠であるかのように説明する**ことです。たとえば、わずかな数値の変化を「大きな変化」「重大な変化」などと説明するとかですね。第4章の第1節と第2節で説明したグラフのトリックと併せて使用すると効果的、ではなくて悪質性が高くなるので注意が必要です。逆に、重要な証拠を貧弱な証拠であるかのように説明したり、あるいは無視したりということもありえます。こちらの方はチェリーピッキングの一種と言ってもいいかもしれません。

都合のいい解釈を見破るための最も基本的な方法は、情報のもととなる資料（原典）を確認することです。「森林資源の循環利用に関する意識・意向調査」の場合、実際の質問と回答結果を知らなければ、「8割の森林所有者は森林の経営意欲が低い」と主張されても反論のしようがありません。しかし、実際の質問と回答結果を確認できれば「その解釈はおかしい」と指摘できます。もとの資料を確認することの重要性は、統計に限らず様々な資料についてもよく言われることですが、統計数値を読む際もやはり重要なのです。

注釈

＊1 農林水産省「森林資源の循環利用に関する意識・意向調査」https://www.maff.go.jp/j/finding/mind/pdf/sinrin_27.pdf

＊2 「林野庁が意識調査修正」（『朝日新聞』２０１８年４月25日朝刊）、「林野庁配布の資料　データ疑義で修正」（『読売新聞』２０１８年４月25日朝刊）、文献❶。

文献

❶ 西岡千史．２０１８．「『データ捏造』疑惑が浮上した森林環境税関連法　モリカケ追及の裏であっさり衆院通過」『AERA dot.』（２０１８年４月23日）https://dot.asahi.com/dot/2018042300003.html

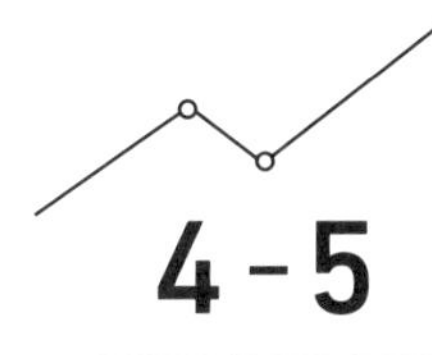

4-5

評価指標の操作

難易度 ★★☆

評価指標は、「良く見せよう」という誘惑や圧力に常にさらされる

統計の中には、何かの良し悪しを判断するための物差しとして作られたものがあります。このような統計を「評価指標」と呼びます。身近なところでは、アマゾンなどのショッピングサイトの商品レビューや、「食べログ」のような飲食店レビューなどがそうです。ビジネスの世界では、KPI（Key Performance Indicator）がよく使われるようになりました。

評価指標の有用性を、改めて説明する必要はないでしょう。しかし、評価指標は常に公正中立・清廉潔白に使われるとは限りません。評価指標がいったんできあがると、その指標に利害関係を持つ人たちの中から、自分に有利になるよう数値を操作しようと企てる人があらわれます。たとえば、ショッピングサイトで一般ユーザーを装って自社製品に高い評価をつけ、他社製品に低い評価をつける「やらせ」「さくら」がその一例です。こうした不正な評価がはびこると、評価指標は本来の機能を失ってしまいます。

このように、**評価指標は便利でありつつも、悪意を伴う操作の危険に常にさらされています。**

「落ちこぼれ防止法」が招いた不正行為

評価指標の操作は、しばしば社会的に深刻な問題を引き起こします。

実際にアメリカで起きた例を紹介しましょう。2001年から2015年にかけてアメリカで実施された教育改革、その名も「落ちこぼれ防止法」[*1]によって、共通テストの成果によって学校を評価する制度が導入されました。これは、教育成果に対する学校の責任を明確にすることで学力格差をなくすことを目指すものでした。つまり、共通テストの結果が評価指標になったわけです。

この制度の下では、共通テストで一定の成果をおさめた学校には助成金が配分されましたが、共通テストの結果が基準に達しない学校には様々な改善の取り組みが求められました。さらに、共通テストの結果が改善しない状況が何年か続いた場合、その学校には廃止も含めた厳しい措置が下されることになっていました。

このように、「落ちこぼれ防止法」の下では、共通テストの成績の悪い学校に厳しい圧力がかかりました。その結果、教員が生徒の解答を書き換える、点数の低そうな生徒の答案用紙を捨てるといった手段で成績を良く見せようとする不正行為が一部の学校で発生しました。不正行為をおこなわなかった学校でも、共通テスト対策のための授業を大幅に増やしたため教育の質が低下したなど、様々な問題が生じたと指摘されています。[*2]

評価指標の2つの法則

統計に基づいて物事を客観的に判断することは重要です。しかし、評価指標の高低が評価対象に利害をもたらす状況では、指標の数値を最大化することが目的になりがちです。いわゆる「手段の目的化」です。その結果、評価指標の本来の理念、たとえば「教育の質を改善する」「子どもの学力を向上させる」という理念は損なわれてしまいます。

日本では、全国学力調査の結果を「落ちこぼれ防止法」のような用途で使うことは（今のところ）おこなわれていません。全国学力調査の結果を教員や学校の評価に使用することを主張する人たちもいますが、「落ちこぼれ防止法」で発生した問題が生じうることはきちんと知っておくべきです。

評価指標の操作の危険性は、1970年代にはすでに指摘されていました。現在では、指摘した研究者の名前にちなんで「グッドハートの法則」または「キャンベルの法則」と呼ばれています。なぜ法則が2つあるかというと、同時期に2人の学者が独立にこの問題を指摘したからです。[*3] せっかくなので両方紹介しましょう。

- グッドハートの法則
  指標が目的になると、良い指標ではなくなる。[*4]
- キャンベルの法則
  定量的な社会指標は、社会的決定に利用されればされるほど、不正の圧力にさらされ、監視するはずだった社会的過程をゆがめ、腐敗させてしまう。[*5]

これら2つの法則、というより警告は、「エビデンス」の名のもとに評価指標を多用するようになった現代社会において、ますます重要性を増しています。

正当な方法で評価指標を改善することは大切ですが、**評価指標が重視されればされるほど、不正をおこなってでも良く見せようとする誘惑も高まる**のです。

統計不正が許されない理由

評価指標以外の統計にも、同じ問題が生じる危険性は否定できません。近年では政府による統計の不適切な処理が何度か発覚し、大きな問題となりました。[*6]

政府が作成する統計を「公的統計」と呼びます。公的統計は、社会にとっての健康診断の結果のようなものです。私たちは健康診断の結果によって、自分の健康状態を客観的に把握できます。これによって、自覚症状がない場合でも健康の悪化を知ることができ、早めの対応が可能になるのです。これと同じで、公的統計を通じて社会や経済の状態を正確に把握することで、国家の状態に問題があるかどうかを知ることができます。

もし、私たちの受ける健康診断の結果が不正確だったらどうなるでしょうか。本当は治療が必要なのに受けない人、あるいは不要な治療を受ける人が出てくるでしょう。いずれにせよ、不正確な結果はその人の将来の健康に深刻な問題を引き起こす可能性があります。公的統計が不正確な場合も同様です。

さらに、意図的な不正、たとえば数値を実際より良く見せる不正がおこなわれれば、それは問題の存在を隠して解決を遅らせることにつながります。将来的に深刻な問題を引き起こすという意味では、こちらの方が重大かもしれません。だからこそ、「統計を定められた方法で作らない」「数値を誤った方法で計算する」「数値を故意に操作する」といった不正は許されないのです。

評価指標の操作は実質的にデータの捏造・改ざんにあたるので、これを見破ることは残念ながら簡単ではありません。評価指標は「良く見せよう」という誘惑や圧力に常にさらされる統計数値だということを理解し、それをふまえてつき合っていく必要があります。

注釈

＊1 正式名称は「どの子も置き去りにしないために、説明責任と柔軟性、選択肢をもって学力格差をなくすための法律」（An act to close the achievement gap with accountability, flexibility, and choice, so that no child is left behind）。訳は松本裕による（文献❹）。

＊2　落ちこぼれ防止法がもたらした問題の詳細については、文献❹、文献❻をお読みください。

＊3　チャールズ・グッドハートはイギリスの経済学者、ドナルド・キャンベルはアメリカの心理学者です。グッドハートの法則のもととなった論文は１９７５年に、キャンベルの法則のもととなった論文は１９７６年（改訂版は１９７９年）に出版されました。グッドハートの方が先ですが、キャンベルがグッドハートの論文を知っていたかは不明です。

＊4　原文は“When a measure becomes a target, it ceases to be a good measure”（Strathern 1997:308、筆者訳）。グッドハートの法則のオリジナルは“Any observed statistical regularity will tend to collapse once pressure is placed upon it for control purposes（観測された統計的規則性は、その制御を目的として圧力をかけると崩壊してしまう）”（Goodhart 1975: 116、筆者訳）でした。Wikipedia英語版の“Goodhart's law”によると、グッドハートの論文を経営学者のキース・ホスキンが単純化して自著で紹介し、さらにそのホスキンの文章を文化人類学者のマリリン・ストラザーンがこの形に言い換えたものが、「グッドハートの法則」として広まったようです。

＊5　文献❶、訳は文献❺。

＊6　これ以降の文章は、文献❸を改稿したものです。

文献

❶ Campbell, Donald T. 1979. “Assessing the Impact of Planned Social Change.” *Evaluation and Program Planning* 2: 67-90.

❷ Goodhart, Charles. 1975. “Problems of Monetary Management: The U.K. Experience”. *in Papers in Monetary Economics. 1. Reserve Bank of Australia*.

❸ 神林博史．２０２２．「それってどのくらい悪いこと？　統計不正と罰則」『家庭科通信』70：26–27

❹ ジェリー・Z・ミュラー（松本裕訳）．２０１９．『測りすぎ』みすず書房

❺ ジェイク・ローゼンフェルド（川添節子訳）．２０２２．『給料はあなたの価値なのか』みすず書房

❻ ピーター・シュライバー（土屋隆裕監訳、佐藤聡訳）．２０２２．『統計データの落とし穴』ニュートン・プレス社

❼ Strathern, Marilyn. 1997. “'Improving ratings': audit in the British University system”. *European Review* 5 (3): 305–321.

4-6

難易度 ★★☆

エビデンス重視の弊害

エビデンス（証拠）の重視は、弊害も生み出す

本書のいろいろなところで説明したように、統計を含む「エビデンス」（きちんとした証拠）に基づいて物事を判断することが、社会でますます重視されるようになっています。

これ自体は、もちろん良いことです。しかし、ある方法が社会的に「正しい」「望ましい」と認識され、それが規範になると、規範の無批判な遵守や濫用が発生することも珍しくありません。その結果、様々な弊害が生み出されます。

エビデンス重視も例外ではありません。エビデンスを統計数値に限定しても、様々な

弊害を指摘できます。[*1] ここでは特に重要な弊害として、（1）数値化しにくいものの軽視または無視、（2）仕事の煩雑化、（3）理念の形骸化、の3つを解説します。

（1）数値化しにくいものの軽視または無視

統計数値が重要なエビデンスになるのなら、あらゆるものを数値化したくなります。

しかし、物事には数値化しやすいものと、しにくいものがあります。たとえば学校教育の場合、個々の教科の学習成果はテストなどで比較的簡単に把握できますが、学校教育全体を通じて育まれる「生きる力」とか「人間的な成長」といった成果を数値化することは簡単ではありませんし、もしかすると不可能かもしれません。

統計をエビデンスとして過度に重視すると、数値化しやすい結果や対象ばかりに注目が集まり、数値化しにくいけれど重要な事項が軽視または無視されやすくなります。その結果、数値によって物事を客観的・合理的に判断しているつもりが、数値にしにくいものが視界に入らないことで、かえって適切な判断ができなくなるかもしれません。

（2）仕事の煩雑化

あらゆるものを数値化しようとすれば、それを測定・記録・保存・集計・分析・報告するための作業が必要になります。その分だけ仕事量が増えることになり、職場によっては大変な負担となるでしょう。また、統計データを作成するための金銭的なコストも無視できません。統計を作ることは、場合によってはかなりの経費が必要となるからです。結果として、仕事の生産性が低下する可能性も否定できません。

（3）理念の形骸化

エビデンスに基づいた判断の方法としてよく使われるのがＰＤＣＡです。ＰＤＣＡとは、計画（Plan）、実行（Do）、確認（Check）、改善（Action）の循環的な管理体制（ＰＤＣＡサイクル）を設けることで、業務の効率性を高めようとする手法です。これらのプロセスのうち、ＰとＣは統計数値との結びつきが特に強い部分です。

ＰＤＣＡについては様々な問題点が指摘されていますが[*2]、ここでは3点ほど紹介しておきましょう。第1に、計画を達成するために、確実に達成可能な低水準の目標が設定されやすくなる。第2に、計画を達成したことにするために、確認が甘くなりがちになる。第3に、PDCAサイクルを回すことが目的になってしまい、本来の目的である業務改善がおろそかになる。これは、第4章第5節でも触れた「手段の目的化」ですね。

このように、エビデンスとしての数値を重視して物事を進めると、しばしば「数値を整えること」に関心と労力が集中しがちになり、エビデンス重視の理念は形骸化してしまいます。

ここでは例としてPDCAを取り上げましたが、数値をエビデンスとして扱うあらゆ

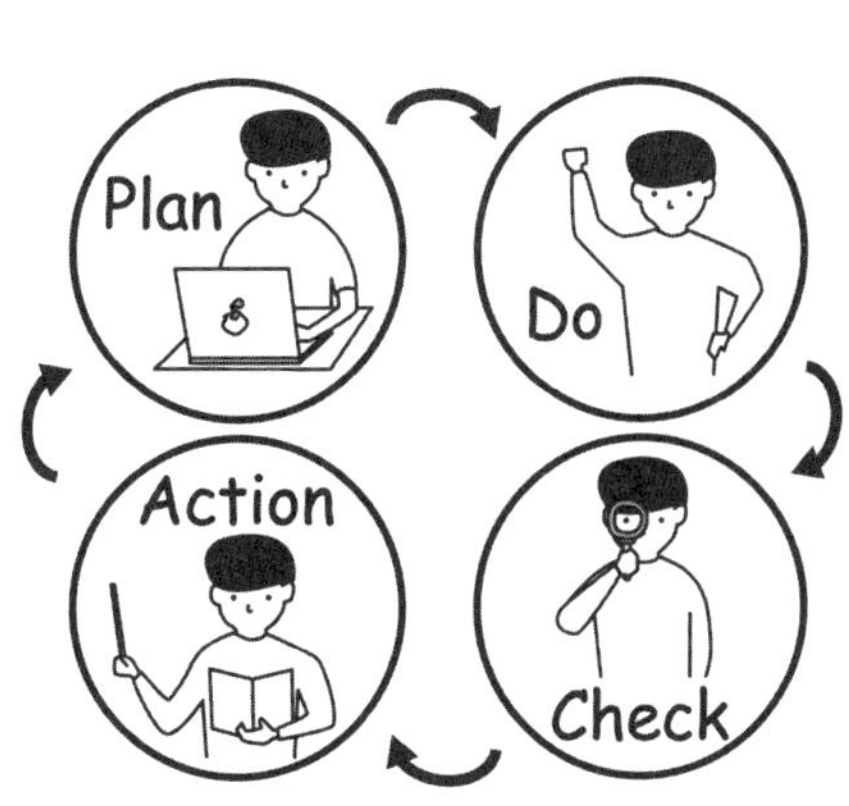

PDCAサイクルは手法であって、目的ではない

る営みにおいて、似たような問題が発生する可能性があります。

以上が、エビデンス重視の弊害の代表的な例です。*3 読者のみなさんの中にも、これと同じような経験をされた方がおられるかもしれません。かくいう筆者も、業務の中でこの種の問題にしばしば悩まされています。この節では、そのことへの恨みつらみを込めてみました。ふふふ。

それでは、これらの弊害をなくすことはできるでしょうか。あくまで筆者の個人的な見解ですが、残念ながらそれは難しいように思われます。私たちは、弊害が発生する可能性を常に意識しつつ、エビデンス重視の取り組みを進めていくしかないでしょう。

注釈

*1 たとえば、文献❶では11の弊害が指摘されています。本節で紹介した3つの弊害は、それらを要約したものです。

*2 詳しくは文献❷の第2章をお読みください。

*3 前節と本節の話は、社会学でいうところの「逆機能」にあたります。同時にこのことは、後期近代社会における再帰性の問題とも密接に関連すると考えられます。と、社会学者っぽいことを書いてみました。

文献

❶ ジェリー・Z・ミュラー（松本裕訳）．2019．『測りすぎ』みすず書房

❷ 佐藤郁也．2019．『大学改革の迷走』ちくま新書

難易度 ★★☆

エピローグ
統計を正しく使える社会をめざして

本書では、統計を正しく理解するための基礎知識を解説してきました。では、多くの人が統計を使いこなせるようになれば、世の中は良くなるでしょうか。

残念ながら、話はそう単純ではありません。

道具は使い方しだい

統計は、より良い判断をおこなうための道具です。全ての道具がそうであるように、統計は使い方しだいで役に立つこともあれば、有害になることもあります。道具を正しく使えるかどうかは使う人しだい。そして、使う人が置かれた環境しだいです。

統計を正しく使えなくする環境の1つが、「結論ありき」の議論がまかり通る環境です。結論があらかじめ決まっており、それを変えられない状況を考えましょう。たとえば、社長の決めたことが絶対で誰も逆らえない会社がそうです。

そのような会社は、社長が決めた結論を正当化するために、正しい証拠の無視や軽視（チェリーピッキング）、データの改ざんや捏造など、正しくない証拠を正しい証拠とみなす嘘（不適切な比較や強引な解釈）、本書で解説した様々な怪しい技を駆使した「エビデンス」「証拠」が跋扈することになります。会社ではなく政府や行政でもありうる話ですね。

開かれた議論の重要性

証拠に基づいた議論を正しくおこなうためには、「開かれた議論」が必要です。開かれた議論とは、次の3つの条件を満たす議論のことです。

第1に、思い込みや予断にとらわれずに、証拠を慎重に検討できること。第2に、議論に参加する人びとが自由に自分の意見を述べることができること。第3に、発言者の地位や立場ではなく、意見それ自体の良し悪しと証拠に基づいて結論を導けること。

そもそも議論とは、「自分の主張が認められれば勝ち、そうでなければ負け」というゲームではありません。開かれた議論の目的は、より良い結論に到達することです。議論を通じてより良い結論に到達できるのであれば、間違った意見や最終的には否定される意見にも価値があります。失敗も同様です。失敗を通じてより良い成果が得られるのであれば、失敗にも価値があります。間違いや失敗を許容し、より良い方向に前進することを最優先に考える。それが開かれた議論です。統計を含む様々な証拠（エビデンス）は、こうした環境の下でこそ正しく役に立ちます。

逆に、開かれた議論が成立しない環境を考えてみましょう。そこでの議論の目的は、あらかじめ決まっている結論を肯定することや、議論に「勝つ」ことです。その結果、次のようなことが起きやすくなります。自分の主張に都合の悪い証拠は出さない。都合の悪い証拠は無視する。自分の見たいものだけを見て、信じたいものだけを信じる。より良い判断よりも自分の勝ち負けを重視する。間違ったものは全て無価値とみなす。失敗を許さず袋叩きにする。異論は認めない。なんだか今の日本社会そのものかもしれません。

開かれた議論と閉じた議論

開かれた議論とそうでない議論（閉じた議論）の特徴をまとめると、**表1**のようになります。[*1] この表における開かれた議論と閉じた議論の対比は大まかなもので、両者が必ず対立するとは限りません。たとえば議論の目的なら、真実を見つけることが同時に勝利や利益の最大化になる場合もありえます。さらに、表に記されていない論点も追加できるでしょう。ともかく、開かれた議論と閉じた議論がどういうものか、大まかな雰囲気はご理解いただけたと思います。

さて、日本の現状はどうでしょうか。残念ながら開かれた議論が十分に機能しているとは言い難いかもしれません。この環境を変えなければ、いくら統計を勉強しても、統計が正しく役に立つことは期待できないでしょう。むしろ、統計は粉飾と欺瞞の道具として使われるだけかもしれません。

日本では近年、データサイエンスの有用性やデータサイエンス教育の強化が盛んに喧伝されています。統計を使いこなせる人を増やすことはもちろん大切です。しかし、それ以上に重要なのは、開かれた議論ができる環境、すなわち「統計を正しく使える社

表1 開かれた議論と閉じた議論の特徴

論点	開かれた議論	閉じた議論
基礎となる考え方	・人間は誰でも間違える。もちろん、自分も間違える。 ・何が正しいかは、最初からわかっているわけではない。	・他人は間違えるかもしれないが、自分は間違えない。 ・何が正しいかは、最初からわかっている。
議論の目的	・真実を見つけること。 ・問題の解決のために、より良い方法を見つけること。 ・以上の目的が達成できるなら、自分の利益はどうでもよい。	・議論に勝つこと。 ・自分の利益を最大化すること。 ・以上の目的が達成できるなら、真実の発見や問題の解決はどうでもよい。
自分の主張に都合の悪い証拠への対処	・隠さない。 ・直視して自分の主張を修正する。	・隠す。 ・無視・軽視して自分の主張を修正しない。
発言で重視されること	・発言の内容	・発言した人は誰か
間違いの扱い	・間違いは修正すればよい。 ・間違いを放置しても良いことはないので、間違いは隠してはいけない。	・間違いは恥ずかしい。 ・間違いは自分の無能さの証拠になるので隠すべきだ。
失敗の扱い	・失敗は敗北ではない。 ・失敗から学ぶことができるから、失敗にも価値がある。 ・失敗は許される。 ・失敗を必要以上に非難すべきでない。	・失敗は敗北である。 ・失敗から学ぶことは何もないから、失敗は無意味である。 ・失敗は許されない。 ・失敗に対しては、いくら非難しても構わない。

会」を作ることのはずです。

開かれた議論をおこなうために

開かれた議論ができる環境を作るために必要なものは何でしょうか。基本的な心がまえとして、著者のお気にいりの言葉を2つ紹介します。

1つめは、アメリカの物理学者、リチャード・ファインマンの言葉です。

技術を成功させるには、世間受けよりも現実を優先しなければならない。自然はだませないからだ。[*2]

この言葉、コロナ禍における日本政府の対応にぴったりな気がするのですが、いかがでしょうか。「技術」を「政策」に置き換えれば、コロナ禍以前の、そしてコロナ禍以降の日本社会にもよくあてはまりそうです。

2つめは、フランスの作家アンドレ・ジッドの言葉です。ジッドは、かつてはソヴィエト社会主義共和国連邦（ソ連）を称賛していましたが、1930年代中頃のソ連への長期旅行を通じてソ連のあり方に疑問を抱くようになり、最終的にはソ連を批判する立場に転じました。その記録である『ソヴィエト旅行記』の中で、彼は次のように述べています。

もし私が判断を間違ったのなら、できるだけ早く自分の過ちを認めることが最善であろう。なぜなら私には、この過ちに影響された人たちに対して責任があるからだ。このとき自尊心などというものは問題にならない。[*3]

自分の間違いを認めることは恥ずかしく、かっこ悪く、できれば経験したくありません。しかし、その居心地の悪さを受け入れることが、開かれた議論のために必要です。今の日本社会では、自尊心の維持を優先してあれこれと言い訳する人が目立つようにも思います。しかし、ジッドのような心がまえこそ、開かれた議論の基礎となるものであり、最も必要なものです。

とはいえ、開かれた議論は個人の心がけのみで実現できるわけではありません。開かれた議論がおこなえるかどうかは、個人の問題であるのと同時に、組織や制度の問題でもあります。組織や制度を変えることは簡単ではありません。筆者に提案できるのは「問題の存在を人びとの間で広く共有し、建設的な改善策を示すこと。それを繰り返すこと」くらいでしょうか。

多くの人たちの地道な努力なしに「統計を正しく使える社会」を実現することは難しいかもしれません。読者のみなさんも、それぞれの立場で可能な範囲で、この問題にぜひ取り組んでいただきたいと思います。本書がそのお役に立つのであれば、著者として望外の喜びです。

注釈

＊1 この表の作成にあたっては、文献❶の第1章を参考にしました。
＊2 文献❸、訳は文献❷。
＊3 文献❹

文献

❶ クリス・チェンバース（大塚紳一郎訳）．２０１９．『心理学の7つの大罪』みすず書房
❷ ジェイムズ・R・ハンセン（日暮雅通・水谷淳訳）．２０１９．『ファースト・マン（上・下）』河出文庫
❸ Feynman, Richard. 1986. "Appendix F- Personal Observations on the reliability of the Shuttle" in Rogers, William et al. (eds) Report of the Presidential Commission on the Space Shuttle Challenger Accident. Vol. 2. https://history.nasa.gov/rogersrep/v2appf.htm
❹ アンドレ・ジッド（國分俊宏訳）．２０１９．『ソヴィエト旅行記』光文社古典新訳文庫、24頁

さらに勉強したい人のための

ブックガイド

本書では、統計のごく基本的な部分しか取り上げていません。そこで、統計をさらに勉強したい方のために参考になる本を紹介します。

まず、各節で参照した参考文献はいずれもお勧めなので、興味のある節があればその参考文献をお読みください。

参考文献以外のお勧めは、「とりあえず書店で手に取って眺めて読みやすいと思った本」です。

人どうしの関係と同じく、人と本の間にも相性があります。「世間的には評価が高いけど、読んでみたら自分には合わなかった」とか、「ユーザーレビューの評価は低かったけど、自分には面白かった」というのは、意外とよくあることのように思います。

そうは言っても、リアル書店に行く暇がないとか、ネット書店の試し読みを読むのも面倒だとか、本が多すぎてわけがわからないという方もおられると思います。そこで、あくまでも筆者の個人的な好みの中から、比較的安価で入手しやすい本をご紹介します。

1 統計学をもっと知りたい

『東京大学の先生伝授 文系のためのめっちゃやさしい統計』

倉田博史監修、2022年、ニュートン・プレス

高校までに扱う統計学の内容をカバーした解説書です。全編会話形式でイラストや図も多く、見やすさ・わかりやすさを高める配慮が徹底されています。本書の内容とも重なる部分が多いので、本書の次に何か読みたい方には、まずはこれをお勧めします。

『社会科学のための統計学入門：実例からていねいに学ぶ』

毛塚和弘、2022年、講談社

レベル的には『文系のためのめっちゃやさしい統計』の1ランクか2ランク上の、本格的な統計学の教科書です。様々な事例を題材に、統計学で登場する数式の意味(なぜそういう式になるのか・なぜそういう計算をするのか)を丁寧に解説している点が特徴です。統計学を本格的に勉強したい方にお勧めします。

2 統計数値の読み方をもっと知りたい

『データ分析読解の技術』

菅原琢、2022、中公新書ラクレ

統計数値をもとに物事を判断すること、特に因果関係を判断することはなかなか難しく、実例をもとに自分であれこれ考えないと力がつきません。この本は練習問題と解説が充実しており、自分で考えるトレーニングをおこなうのに最適です。内容的にはやや難しめで、練習問題の中には専門家でも苦戦しそうなものもありますので、腕に覚えのある方にもお勧めです。

認知バイアスについて知りたい

『「心のクセ」に気づくには：社会心理学から考える』

村山綾、2023年、ちくまプリマー新書

統計とは直接関係しませんが、本書でも何度か登場した「思い込み」や認知バイアスの問題に興味のある方にお勧めします。思い込みに関わる社会心理学の知見がわかりやすくコンパクトにまとまっています。

あとがき

本書の刊行にあたり、2人の編集者に感謝いたします。

1人目は、大修館書店の高山真紀さんです。高山さんと筆者は同じ研究室（東北大学文学部行動科学研究室）の出身です。といっても在籍期間は1年しか重なっておらず、卒業後は長い間疎遠だったのですが、拙著『一歩前からはじめる「統計」の読み方・考え方』（ミネルヴァ書房、2016年）を気に入ってくれた高山さんから連絡をいただき、高山さんの熱意に押し切られる形で2018年の暮れに本書の企画がスタートしました。よくある統計入門書とは違うものにしたいと思いつつ、さりとて画期的なアイディアが簡単に浮かぶわけもなく、構想が二転三転する中でコロナ禍が発生し、完成は予定からだいぶ遅れてしまいました。本書を刊行できたのは、ひとえに高山さんの粘り強さと忍耐心のおかげです。

2人目は、青土社の樫田祐一郎さんです。高山さんが本書を生み出すきっかけを与えてくれた恩人だとすれば、樫田さんは本書の核心となるアイディアを生み出すきっかけを与えてくれた恩人です。実は樫田さんとは直接お会いしたことがなく、電話で30分ほどお話した以外はメールをやり取りしただけの間柄にすぎません。しかし、樫田さんから執筆を依頼された『現代思想』の特集論文（拙稿「二〇二〇年代の統計リテラシーを考える」、『現代思想』2020年9月号所収）は、筆者にとって大切な論文となりました。この論文の議論を入門書の枠組の中で具体化したものが本書です。先述のように本書の構想はなかなか定まらなかったのですが、「二〇二〇年代の……」を展開した内容にすれば格好がつくことに思い至り、どうにか完成にこぎつけることができました。樫田さんからの依頼がなければ、本書はもっとありきたりな内容になっていたでしょう。

本書の執筆の過程では、神永正博（東北学院大学）、眞田英毅（同志社大学）、多喜弘文（東京大学）の各先生に草稿の全部または一部をお読みいただき、貴重なコメントをいただきました。三先生に感謝いたします。もちろん、本書の内容に何らかの間違いがあった場合、その責任は全て筆者にあります。

＊お名前をあげた方々の所属は2023年6月現在のものです。

2023年6月　神林博史

▮た

▮な

▮は

▮ま

▮や

▮ら

索引

[著者紹介]

神林博史（かんばやし　ひろし）

東北学院大学人間科学部 心理行動科学科教授。

1971年生まれ。

1995年金沢大学文学部卒業、2002年東北大学大学院文学研究科博士後期課程修了。博士（文学・東北大学）。

2002年東北大学大学院文学研究科助手、東北学院大学教養学部人間科学科助教授等を経て、2023年より現職。

専門は社会学。

おもな著書は『1歩前からはじめる「統計」の読み方・考え方「第2版」』著（ミネルヴァ書房、2019年）、『健康格差の社会学：社会的決定因と帰結』共編著（ミネルヴァ書房、2022年）、など多数。

知っておきたい！ 統計のオモテとウラ
統計とうまくつき合うために

© Hiroshi Kanbayashi, 2023
NDC350 ／ iv, 195p ／ 19cm

初版第１刷――2023年9月10日

著者――――神林 博史
発行者――――鈴木一行
発行所――――株式会社 大修館書店
〒113-8541 東京都文京区湯島2-1-1
電話03-3868-2651（販売部）　03-3868-2266（編集部）
振替00190-7-40504
［出版情報］https://www.taishukan.co.jp

装丁・本文デザイン・組版――――八木麻祐子（Isshiki）
本文イラスト――――よしだえいじ
印刷所――――八光印刷
製本所――――牧製本

ISBN978-4-469-27015-0　Printed in Japan
Ⓡ本書のコピー、スキャン、デジタル化等の無断複製は著作権法上での例外を除き禁じられています。本書を代行業者等の第三者に依頼してスキャンやデジタル化することは、たとえ個人や家庭内での利用であっても著作権法上認められておりません。